亞澳紐非觀光地理

GEO-TOURISM:
ASIA, AUSTRALIA, NEW ZEALAND AND AFRICA

楊本禮 著

序

　　亞、澳、紐、非觀光地理和歐美觀光地理最大的不同特點是：前者是從殖民統治者手中走出來的，路途坎坷險惡，而且還帶有不少血腥暴力手段，最後才能開創出自己的一片天地；後者卻多數是前者的統治國，從統治者的心態來分析的話，自然是不願輕易放手。可是，獨立的潮流是擋不住的，有眼光的統治者用和平移轉政權的方法，讓殖民地獨立，往後還繼續維持和諧的關係，殖民地之前原有的歷史文化，也因而保留下來。沒有眼光的統治者，卻相信高壓統治，殖民地獨立鬥爭於是展開，到了最後，沒有　個是贏家。殖民治者被趕走了，他們沒有留下任何好的治國典章制度；新的統治階層卻不恤民情，以暴易暴的結果，新的治國良方沒有建立，古老的傳國文物寶藏，隨兵燹之亂而湮沒！

　　亞、澳、紐、非觀光地理有若一塊謎樣的拼圖，去過上述四個地區觀光的人，都想透過自己的體認，試圖把殘缺的圖案拼湊起來，即使是一次不行，還是會一而再，再而三地去嘗試；而上述四個地區國家的觀光旅遊局，也同樣希望觀光人士為他們找出一幅完美的拼圖，送給他們參考，以做為日後發展觀光之用。這是一個有趣的嘗試，也是吸引遊客的原因。

　　亞、澳、紐、非地遼闊，各不相屬，但彼此之間卻有一個共同特色，即都擁有一段悠長的歷史，而又是那麼的豐富，因為歷史不是死的，它有其本身的延續性。當舊有的歷史偶而在某一段時光中消失，但當它重新展現出來之後，又為觀光地理掀開了新的一頁。在本書的各章中，都有詳述湮沒的歷史再展風華之後，它卻變成明

日觀光地理的精華。

　　亞、澳、紐、非的觀光地理有著一道古老文化的歷史長河，悠悠嗚咽的河水，道出數不盡文萃精華，讓後人在憑弔和欣賞之餘，不要忘記歷史的教訓。

　　亞、澳、紐、非的觀光地理有若一個萬花筒，每一個地方都有其本身的特色，但當所有的特色相碰在一起時，卻沒有相互的排斥，反而像是萬花筒內每一幅圖案，不管怎麼轉動，都是和諧一致的。這就是亞、澳、紐、非觀光地理的特色。

　　筆者執筆寫這本書的主要目的是，希望讀者透過書內各章，走遍歷史的長河；看過各幅由色彩濃艷而又不相互對立的所拼出的美麗圖案，為自己打開寬闊的視野，體會包容的天地之心！

　　最後，筆者要再度誠摯感謝揚智文化事業股份有限公司讓這本書順利問世，讓它來展開觀光地理的無垠疆域，提升眼界的層次！

楊本禮　謹識

目錄

序　i

第一章　亞、澳、紐、非觀光地理概論　1

第一節　從殖民地理到觀光地理　3
第二節　多元化的觀光特質　7

亞洲篇

第二章　東北亞的日、韓　15

第一節　文化的日本　17
第二節　新興的韓國　24

第三章　泰國、馬來西亞與菲律賓　33

第一節　奇妙的泰國　35
第二節　眞正的亞洲——馬來西亞　42
第三節　日落的菲律賓　53

第四章　印尼與新加坡　59

第一節　印尼——千島之國　61
第二節　新加坡——觀光地理中的一顆珍珠　69

第五章　越東寮三國與緬甸　77

第一節　越南、柬埔寨、寮國－社會主義三邦　79
第二節　緬甸－東協會員國的「外星人」　87

第六章　南亞和絲路古國　95

第一節　印度、尼泊爾、斯里蘭卡－南亞三國　97
第二節　亞洲古國和回教世界　106

澳洲篇

第七章　澳大利亞　117

第一節　東海岸線　120
第二節　南澳和塔斯曼尼亞島　128
第三節　大西部－看野花和賞落日的天堂　132
第四節　澳洲中原和北疆原野奇觀　136
第五節　澳洲特殊景點和飲食文化　142

第八章　紐西蘭　153

第一節　豐沛的觀光資源　155
第二節　北島景觀　156
第三節　南島景觀　160
第四節　紐西蘭的飲食文化　166

非洲篇

第九章 非洲觀光地理概況　171

第一節　殖民地與黑暗非洲　173
第二節　自然景觀與狩獵天堂　175

第十章　南非、東非和中非觀光地理　181

第一節　南非－彩虹國家　183
第二節　東非和中非景點　192

第十一章　西北非洲景點　201

第一節　各國景點　203
第二節　河流景觀　207

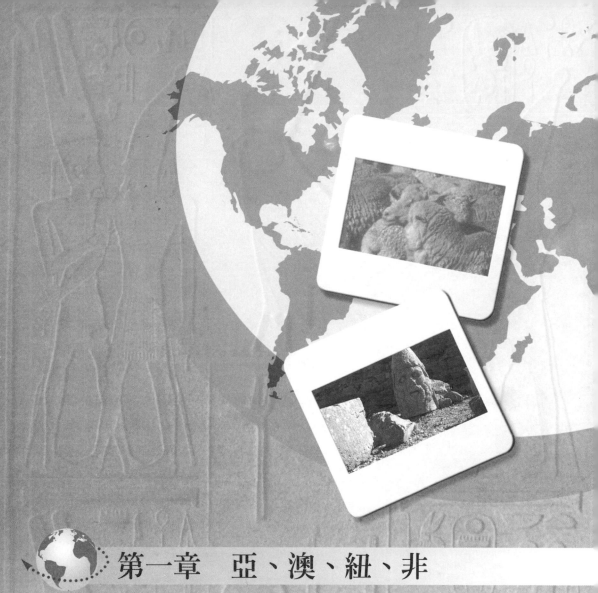

第一章　亞、澳、紐、非
觀光地理概論

亞、澳、紐、非在觀光地理中占了一個極為重要的地位。除了幅員廣大之外，單以歷史、文化和觀光景點而言，都有各自的獨特性格，把它們加起來的話，不但不會相互抵消，而且還會構成一幅多采多姿的地圖。再者，上述四個地區的國家中，又與世界上的歐美強權曾有一段不愉快歷史，在其漫長歲月中，所發生的愛恨情仇的事端，更是罄竹難書。也因而為觀光地理平添不少動感的畫面和題材，讓讀者能從書內各節中體會到亞、澳、紐、非觀光地理因素的形成，完全是和歐美觀光地理不一樣的。

　　本書討論的四個區域的國家中，中國大陸並未在討論範圍。因為中國大陸自成一格，不需要和其它國家相提並論；再者，亞、澳、紐、非觀光地理是一門新課，而有關中國的報導和觀光介紹的專欄，幾乎每天都在各類不同的媒體中出現，它在觀光地理中已經定型，本書將省略介紹。

第一節　從殖民地理到觀光地理

　　從殖民地理到觀光地理可分三個階段：

一、殖民階段

　　亞、澳、紐、非諸國中，除日本之外，其它的國家都是過去歐、美強權的殖民地，其所不同的是，獨立的先後順序而已。

　　日本並沒有被歐、美強權統治過，但它曾扮演過殖民的角色，統治韓國長達百年之久，因此，韓國本身的文化多少都受到日本的影響。東南亞諸國，除了泰國，只有菲律賓接受過美國短期的統

治，其它國家則都受歐洲國家長達百多年的統治，而統治他們的歐洲強權，分別來自英國、法國、荷蘭、西班牙和葡萄牙。隨著二次大戰後，東南亞國家紛紛獨立，但有幸也有不幸。幸運的國家順理成章接受殖民地政府留下來的文官制度，慢慢步入正途。不幸的國家是，殖民地時代的政府，並沒有留下好的典章制度，再加上獨立後的人謀不臧，混亂變成老百姓的「生命共同體」。

澳、紐算是最幸運的殖民地之國，它們從英國人統治下獨立之後，遵循著英國式的議會制度，再加上地處邊陲，安定的生活和豐富的農牧業，讓它們變成天府之國。

獨立後的非洲諸國，其命運多數與民不聊生有關。有些殖民地國家留下好的典章制度，但新統治階層並沒有遵循，反而是倒行逆施；有些殖民地政府被迫倉皇撤退，留下的是一片兵荒馬亂，久久不能收拾；有些獨立國陷入種族仇殺的人間地獄；而有些國家則是陷入漫無止境的饑荒歲月中。

自從十八世紀開始，上述四個地區先後都陷入殖民統治，它們只是殖民地理中的一塊版圖，完全受強權支配。殖民地理最大的特色是，單向的觀光，只有殖民統治者去「看」他們的屬地，從沒有屬地的人到他們的統治國觀光。

殖民地理的另外一個特色是，領土的擴張和掠奪當地被統治者的歷史文物。時至今日，歐洲各國的博物館仍收藏著百多年前由殖民地搶奪回來的文物寶藏，他們把博物館冠以帝國博物館，以向世人炫耀。

從歐美強權統治下的殖民地而言，受到英、美統治過的殖民地，當它們獨立後會有一段美好的時光，如美國統治過的菲律賓、英國統治過的馬來西亞、肯亞、坦尚尼亞和烏干達等國，但由於人謀不臧和極權者的出現，菲律賓和烏干達就變了樣。至於法國、比

利時和葡萄牙統治過的殖民地在獨立之後不久，立刻陷入長期內戰，國力耗費殆盡，其它建設就不用再談了。

二、過渡時期

(一)紐澳及亞洲諸國

到了一九七○年代，澳洲擺脫了白澳政策的陰影，開始發展觀光，並開始向亞太地區的觀光客招手；紐西蘭也發展觀光事業，將國內美好的景點向世人，特別是亞太地區的民眾介紹。東南亞國家在六○年代獨立後，分為兩個集團：一個是東南亞國協；另一個則是中南半島三邦。東南亞國協的原始會員國包括菲律賓、新加坡、馬來西亞、泰國、印尼和汶萊。這六個國家發展觀光不遺餘力，紛紛在觀光地理中扮演重要角色。而中南半島三邦自越戰結束後，經過二十年的折磨，他們也認清發展觀光是他們今後必走之路，於是，一九九○年代集體申請加入國協而成為正式會員，東南亞的觀光地理版圖因而擴大。

(二)非洲

非洲的國家也踏著殖民地理（衍生出的）地圖，向世界推銷他們最寶貴資源－野生動物和特殊景點，非洲的國家中可以分為三類：

1. 東非國家如肯亞和坦尚尼亞，向世界觀光市場推銷野生動物觀光和國家公園觀光。
2. 埃及以尼羅河的美景、金字塔和人面獅身的文化為推銷主軸。

3.南非，自從廢除種族隔離後，重返國際社會，於是，南非的
觀光、葡萄酒和野生動物園成為「國之三寶」。

由於南非靠近南極，過去實行種種隔離種族政策不見容於國際
社會，但本身的建設並沒廢棄，因此，一旦重返國際社會後，立刻
可以向世界推銷它們的特殊觀光文化。

三、觀光地理版圖正式形成

日本從一九六四年成功舉辦東京世運之後，正式向世人宣告，
日本已從二次大戰後的戰敗國躍升而為世界大國，觀光，也是一個
國家國力的宣示。日本的觀光地理自成一格，它沒有歐美的影子，
也和亞洲其它的國家迥異。那種獨特的風采如櫻花、特殊的傳統體
育文化如相撲和休閒達到極致的溫泉泡湯風俗，在在為日本帶來正
面的加分，成為東北亞的頭號觀光大國。

韓國自躋身亞洲的小龍後，觀光也隨著經濟蓬勃發展而帶來生
機，韓戰留下來的陰霾不再。一九八八年的漢城世運，展現出觀光
大國之風。陽光政策也緩和了南、北韓的緊張局勢，為雙贏顯露曙
光。

東南亞各國也是從七○年代開始發展觀光，告別了上個世紀
末，東協各會員國都各自擁抱著一片艷陽天。但其中值得警惕的
是，菲律賓因馬可仕執政後期的腐敗，把菲律賓硬生生的從觀光地
理版圖中拉出；而印尼因為蘇哈托下台，後繼者有辦法展現施政的
魄力，加上回教極端份子的恐怖行為，也讓印尼從觀光地理中逐漸
消失。這兩個例子正好說明觀光需安定的政經環境。而東協其它會
員國內國情大致安定，觀光也繼續順利發展。

南非洲的南非共和國，和東非兩個前屬英國的肯亞和坦尚尼亞

在獨立後雖有一小段的不安，但現在南非共和國都成為觀光收入正成長的國家。若拿它們和其它鄰近國相比，判若雲泥。

在西北非的國家中，埃及是首屈一指的觀光大國，但最近受到回教基本教義派的恐怖攻擊影響，觀光市場一度下滑，不過，埃及有老祖先遺留下而取之不盡的觀光遺產，其所散發出的吸引力，可以壓過恐怖份子製造的恐怖氣氛，因而埃及在觀光地理中所占的地位仍屹立不搖。

亞、澳、紐、非各國的觀光地理均各自成一格，在往後各單元中，會一一詳細介紹。

 # 第二節　多元化的觀光特質

亞、澳、紐、非四地內的各國，自有其本身的特殊色彩，如果把它們全部混在一起來看，卻有如一個萬花筒，雖經搖動，各種不同色彩所形成的圖案，永遠是那麼協調和悅目，沒有一點勉強或不自然的圖案出現。

亞、澳、紐、非是一個多元觀光的群體，有其共同特點，例如：許多都是源自同一個母系誕生；但也有其不同之處，不同人種和不同文化，都會衍生出不同的特質，而這些特質，早在殖民統治時代之前就已存在。

在上述四個特別的區域中，有些國家保存有幾千年以上的歷史，如埃及、印度、日本、泰國、緬甸，甚至柬埔寨等國；但也有一些是新興的國家如新加坡、澳大利亞和紐西蘭等，他們從殖民地獨立後建國，也僅不過是數十年到百年之久。在此之前，沒有任何悠久的歷史文化存在。

下列概述四大洲特殊之處，後續章節將詳加探討。

一、悠久的歷史文化

(一)埃及的尼羅河文化

　　埃及的尼羅河文化，應該算這四個區域中，歷史最悠久的國家。尼羅河文明遠在西元七千年前就已在尼羅河三角洲出現。遠者不談，就以埃及的老王國（Old Kingdom）Saqqara而言，它是出現在西元前二七八○年間，在這五百年當中，是埃及文明興起的重要階段，埃及人開始建造紀念碑型的偉大建築物。時至今日，Saqqara地方仍留有當時石塊金字塔供後人瞻仰，而在石壁上的雕刻，都是使用彩色，人物栩栩如生，每一幅雕刻就等於是一篇歷史，記述那個時代的社會生態和政治現狀的一切。

　　在埃及尼羅河的Amarna地方，埃及人稱為新王國的首都，按照歷史記載，它是在公元前一五○○前後數百年間。新王國（New Kindom）時代有兩件東西值得一提，一是王朝時代從社會上層到中層，都懂得鑑賞珠寶，首飾成為時尚；另外一個特色是時裝，當時社會的有錢人士，對衣服的穿著極為講究。若以現代的眼光衡量，三千年以前的人就懂得欣賞服裝和首飾，的確是一件不可思議的事。

(二)印尼的爪哇文化

　　印尼老都日惹城（Yogyakarta）曾有過一段光輝歷史，也是日後所稱之爪哇文化。日惹城內的Borobodur寺，是南半球最大的佛寺。當西元第八世紀，印尼還屬於一個海盜城邦形態實體時，在爪

哇森林內的日惹城，興起一個和平的佛教國家，國王信佛，於是，龐大的佛祖寺廟陸續建築起來。讓後人驚訝的是，爪哇是一片森林，其中沒有任何巨石可資興建寶石的佛寺，Borobour的興建，說明爪哇文化和佛教有著密不可分的關係。因為參與興建的工人，都出於宗教虔誠而自願的，沒有任何奴工。Borobodur建造在火山群中，一千年前，因為火山爆發，整個被埋在火山灰燼中，時至西元一八一四年，才由荷蘭考古學家無意中發現，讓湮沒千年之久的新蘭特拉王朝（Sailandra Dynasty）時代的佛教文明重新定位。

　　上述兩個例子，主要說明歷史文化在亞、澳、紐、非觀光地理中政治的份量，當然還有其它悠久的歷史文化，往後再分章次說明。

二、不同的觀光景點

　　亞、澳、紐、非四區的觀光景點各有特色，可以從冰河時代遺留下來的觀光點而延伸到赤道的熱帶雨林；有自然的觀光區到人為的觀光主題公園；有深海探險，也有陸地攀山的冒險旅遊；狩獵是非洲的觀光主題；而日本的溫泉和紐西蘭的溫泉又反映出不同文化而衍生出來不同的「泡湯文化」。

　　當觀光和體育會合在一起的時候，雪梨的奧運，日本、韓國合辦的世界杯足球賽，都為這個地區增加不少體育觀光的籌碼。二○一○年在非洲舉辦的世界杯足球賽，又勢必為非洲的觀光做了一次極有意義的免費宣傳。

　　目前世界正流行冒險旅遊和環保旅遊，上述四個區域內的任何國家，都可以提供完整的配套，讓旅客滿足。例如：遠在喜馬拉雅山山谷底下的尼泊爾，它不但為爬山的觀光客提供最好的設備和登

亞澳紐非觀光地理

山嚮導等，更重要的是，尼國政府還向登山客收取登山稅，主要目的是為保護沿途的景觀而用。日本富士山也有義工，專門撿拾登山客遺留下來廢棄物。亞、非國家也開始重視觀光與環保是密不可分的唇齒關係。

澳大利亞的大堡礁，是世界最大的活珊瑚，為潛水者提供了一個好的去處；每當西半球是炎熱夏季時，南半球的紐西蘭則為滑雪者提供了驚險度不下於瑞士的南半球的阿爾卑斯山滑雪。

東南亞的熱帶雨林之旅，也是一種另類的冒險。春天到日本賞櫻，不但可以從花林的深邃處，探討櫻花的美姿，也可以從日本人賞櫻的過程中，體會到保有好幾百年的賞花傳統藝術。

非洲的尼羅河和印度的恆河，都孕育出兩種不同的古老文化，可以說是看盡人世滄桑的歷史長河。

三、不同的美食文化

亞、澳、紐、非有其獨特的文化風采，它們也可以反映到吃、喝的飲食文化上。從一九七○年代開始，可以說是上述四大區域發展觀光的初期，但它們並沒有重視美食也是觀光的一環，一直到了九○年代，吃和喝才變成吸引觀光客的主流之一。

一九九二年，有一則新聞說，泰國國王蒲美蓬（King Bhumibol）接受御醫的勸告，每天喝兩小杯紅葡萄酒，會有助他的健康。於是，泰國人上行下效，一時之間，喝葡萄酒變成泰國時尚。而九○年代初期，也是泰國觀光進入高峰期，紅葡萄酒為到泰國觀光的歐美旅客解決了喝的問題。東協其它國家隨即也以葡萄酒來滿足國際觀光客的需要。

在亞、澳、紐、非四個區域中，美食約可分為四類：

(一)日本的美食

以精緻而取勝，從前菜到甜點，每一道菜好像是出自藝術家的創作，而服務人員忠於職守的服務態度，也變成一種禮儀，這種優良傳統配合美食，成為一種獨特文化。即使到海外經營日本餐館，他們也都把國內的飲食傳統帶到海外。這是日本的專利，沒有其它的國家可以全盤複製的。

(二)東南亞的吃喝文化

以東協會員國而言，吃喝文化可以分為三類，有些是以華商為主流的華人美食，不但維持古老的華人烹調技巧，而且所用的烹飪材料也是上選，因此，華人美食不但受華人人口喜愛，同時也讓其它族群紛紛接受。倘若東南亞國家沒有保留華人美食，相信在推展觀光上會打不少折扣。

其次是本土的美食，如馬來菜餚、泰國菜餚、印尼菜餚和印度菜餚等等，都各自擁有一片天地。這些獨特的美食稱之為「異國風味」（Exotic Food）。歐、美觀光客到了東南亞，都會品嚐「異國風味」，因為食物的主要四味，酸、甜、苦、辣都包括在這些美食中。品嘗「異國風味」再佐以當地的啤酒，讓歐、美旅客讚不絕口。很多二次、三次重回斯土旅遊的歐、美觀客，往往都是為「異國風味」美食而來的。

(三)吃喝在澳、紐

澳、紐的美食均以新鮮的肉類和海鮮而取勝。無可諱言的，在七○年代前，澳、紐兩國的烹調術並非上選，而有兩個因素，讓它們的烹調水準提高。其一是發展觀光，其二是移民改變了烹調技

術。澳洲原本就是一個出產葡萄酒的大國,鄰居紐西蘭也起而直追。有了美酒,而加上新鮮美味的牛、羊肉和海鮮,澳、紐也可以邁入吃喝文化的大國。

(四)非洲飲食文化

嚴格來講,非洲國家除了南非能提供優良的葡萄酒之外,其餘國家的吃喝文化甚為貧乏,若要趕上現今的世界水準,還有一段漫長的路要走。不過,非洲卻有一道稀有食譜,就是原野生烤大宴,對歐、美旅客而言,這種幾近原始的野宴還能接受,其它國家的遊客,可能不會感到興趣。

亞、歐、紐、非的觀光地理非常奇特,作者將在後續章節提出一些親身經歷,與讀者分享。

ASIA

VACATION GETAWAYS

亞洲篇

 第二章　東北亞的日、韓

第一節　文化的日本

　　到日本觀光是台灣人的一種時尚之旅，但如果要問用什麼樣的眼光去日本觀光，相信一般人都很難講出個所以然出來。六十歲以上的人去日本觀光，可能會帶有一種懷舊心情；中年人去觀光，均以風花雪月爲主；至於年輕一代的「哈日族」，則以朝拜爲時尚，期盼能到此一遊的簡單行程中，看到一些模仿的花樣，等到回國後再依樣畫葫蘆現給同輩看，以張「哈日」有我。其實，以上三種心情都不能眞正跳出本身的視野看出日本眞正文化的一面。因爲他們的視野都被一種無形的心障朦蔽。

　　六十歲上的人，多少都和日本統治時代的生活發生直接的關係。不管對那個時代的反應是好或是壞，先天上就有了一種研究文化不該有的偏見。去日本觀賞風花雪月，先天就擺脫了探討文化的參觀主題，其它的細節問題就不用去談了。至於爲哈日而去，又更等而下之了。

一、保守的古國

　　一般人看日本，只見到浮面的表徵，以爲日本是一個崇外的國家，尤其是戰後從廢墟中站起來的日本，在美國扶持下，一切均以美國馬首是瞻，完全放棄自己的一切。其實，在科學和民主發展方面，日本是走著美國的路線；不過，除科學和民主外，日本還是默默走著自己的祖先遺留下的文化道路，並沒有被西化而排斥。因此，從日本觀光的本質來看，外國人不是要看科學和民主的一面，

而是要看傳統的一面。如果去日本觀光不能了解傳統文化留下來的精髓，則到日本觀光只不過是到此一遊罷了，什麼都了解不到。現在舉一些實際的例子，以說明文化的日本在觀光地理上所呈現的寶藏。

(一)花祭

櫻花季節來臨，是日本觀光的旺季。從世界各地去看櫻花的人，有如過江之鯽。可是，有多少觀光客注意到日本人是如何去欣賞櫻花的？日本人把賞櫻當成花祭。在日本，「祭」這個字有著一種表達古禮的莊嚴意義，絕不亂用，當它用到花祭上時，表示賞櫻時要遵循古禮，不可亂來。到過日本賞櫻的人，有沒有注意到日本賞櫻是多麼的有禮，而且穿著正式，婦女們多穿和服出去賞櫻，小孩子們絕不會吵吵鬧鬧，而是井然有序。尤其是京都，在賞櫻之餘，真正體會到古時留下來的文化禮儀，並沒有因時空的移換而流失。

(二)茶道

日本人喝茶仍留有古風，至今仍稱之為茶道。茶道是一種文化藝術，人們常說，禮失求諸野，日本人的茶道，卻不需如此。上至高官富賈，下至一般庶民，他們在喝茶的時候，仍然遵循一貫之道，絲毫馬虎不得。從煮水到泡茶，從茶具到茶食，從送茶到舉杯，無一不是依道而行。日本人喝茶，是一種享受，也是一種古禮的溫習。茶道流傳千年而不衰，其間道理即在此。

(三)相撲（Sumo）

到日本看相撲，等於是上了一堂日本文化課。相撲的兩大對

手，站在擂台爭霸，卻不似西方拳擊賽充滿血腥味。相撲對手在比賽前的連貫古禮，如在身體接觸時的相互較勁，彼此繼以雙手抹鹽和撒鹽，以至裁判的各種優雅動作，都在說明著，相撲只不過是一種藝術表演，而不是和西洋拳一般的血腥之鬥。這也是日本傳統文人的另一種表徵。

(四)劍道

劍道，和相撲完全相反，其用意是強調大和民族的民族魂。「劍在人在，劍毀人亡」，當劍道融入到文化的時候，可以是一種攻擊性的文化，而非人性懦弱的一面。到日旅遊觀看劍道表演，可以看到在場的日本觀眾，都是用一種膜拜劍士的心情去欣賞，臉上有一種自己化身為劍士的表情。若能從文化角度去切入，就可以知曉劍道與日本人生活融合為一，難以分割。很多經營失敗的大公司老闆最後選擇切腹自殺作為終結，那就是一種劍道精神的表現。

(五)溫泉

在日本洗溫泉是一種欣賞傳統文化的享受。從溫泉的建構到服務人員的禮貌，從洗溫泉的人一絲不苟動作，到溫泉外的景緻，都在說明溫泉文化在日本表現出細緻的一面。日本人把洗溫泉也稱之為溫泉祭，可見它對溫泉的重視是有其一貫性的。

(六)和服

日本人年輕一代，他們對洋服可以說是完全的接受。但在正式的場合，和服是不可取代的衣著。當然，在大都市如東京、大阪等，因為是商業大城，上班工作自不宜穿和服。不過，歸家和假日出訪，很多日本人還是以和服為尊。衣著是文化的最佳表徵，因它

代表一個民族的特殊意義。當一個國家的老百姓對它們本國的傳統服飾都揚棄而不尊重,那麼,文化的根也就腐蝕殆盡了!

(七)音樂

日本的音樂有一種民族古樸而憂鬱的味道。特別是用傳統日本樂器演奏出來的時候,真正彈奏出日本人留有古文化的特質。這種特質,也是沒有辦法由其它樂器取代。即使有,也不會被日本人所接受。

到日本觀光,千萬不要錯過欣賞純日本音樂演奏,或由日本人唱出來的大和民族之聲,儘管會有不同的意見或不同的詮釋,但是那種古樸深厚的調子,奏出了日本文化淵遠流長的一面,卻是無可否認的事實。

Travel Tip

日本漁村

日本是一個島國,自然和海洋脫離不了關係。因此,到日本觀光,如果有機會的話,一定要到日本的漁村小住,徹底了解一下日本人的根之所在。日本人最引以為傲的海洋立國精神是:「與海合作以謀生計」(A Co-operative livelihood from the Sea)。

一個觀光客如果懂日文的話,當他到漁村之後就可以立刻體驗到「合作」的重要性。它是日本進步的原動力。

每到破曉,壯丁們一一駕船出海捕漁,家庭婦女們也開始發揮本身的一技之長:有些人織布做衣,除了貼補家庭生計之外,同時也為她們出海捕漁的丈夫們製衣和補網;有些婦女則灌溉後園的菜圃,耕

種自己喜歡吃的蔬菜；有些家庭主婦則到碼頭等候漁船歸來，立即把魚貨分類，若是碰到烏賊季節，就會立即把牠們曬乾，以備日後食用。

　　日本漁村現在也有小型旅館，供觀光客住宿。不懂日文的觀光客，最好是有懂得日本的朋友或導遊同行，否則很難進行溝通。

　　漁村的美食也都和海產有關，最讓人懷念莫過於新鮮魚肉做的壽司、生魚片和現場燒烤的魚肉。每一個漁村都有自釀清酒的酒莊出產清酒。日本的漁民每晚回家沐浴之後，先喝清茶，然後再享用晚餐，而清酒是絕對不能少的。漁村的酒莊都是老字號，釀酒歷史超過百年以上的酒莊，比比皆是。

　　漁村的清酒和新鮮可口的生魚片，成為日本漁村觀光文化的重要一環。

二、衝擊中的日本

　　日本在一九六四年成功舉辦了史無前例的奧林匹克運動會，可以說是日本從戰敗國走向工業大國的分水嶺。誠如東京奧運籌備會主席東龍太郎博士自豪的說：「這是我們政府的政策，要利用奧運的機會來向世界宣佈，日本，不再是一個戰敗國了！」但是，日本也和亞洲，甚至是世界其它的新興國家一樣，當它邁向工業國的時候，其基本的傳統價值觀，也受到嚴峻的考驗。日本，也受著來自四面八方的衝擊。

(一)摩天大樓與隱藏文化

　　當一個觀光客到日本東京去旅遊的時候，他會發現置身水泥叢

林之內。高架道路和地鐵，有若叢林內的巨蟒，把整個森林盤纏起來；而各種車輛，有若森林的各種兇猛的動物。上下班時刻由地鐵湧出湧進的人潮，好比是螞蟻，沒有自己存活的巨大空間，只能日日夜夜躲在一小格、一小格的屋子內，過著規律的機械化生活。

不過，這是表面的日本給外人初窺的印象。其實，摩天大樓內有其隱藏的一面，這一面是讓人無法深入理解的。誠如前述，它都是日本文化的保留層。觀光地理可以幫他們去了解。但是否能深入，就要靠他們的領悟力了！

(二)速食與傳統的定食

美國的速食文化有如潮水般四向衝擊，日本自不能例外，到日本大城或旅遊景點觀光，速食店林林種種，有西方的，也有由日本人研發出來的。速食是粗糙文化的代言人，把「吃」是一種享受藝術完全否定掉！

雖然有速食文化在不斷傳播，但是，日本人卻遵守著一個堅守固有文化的準則，速食絕不能進入家庭。在家裡吃和食是固守吃的文化的最後一條防線。任何家庭主婦，她一定會在家烹調具有日本色彩的和食，讓全家人在吃的時候，分享傳統文化優良的一面。

(三)現代娛樂與保守藝伎

到日本大都市，都可欣賞到西方藝術表演，如音樂演奏會、歌舞及歌劇演出等等。但是，到日本觀光，絕對不能不看日本藝伎的演出。藝伎是承傳古文化的接棒人，也是交棒人。他們始終扮演著保護優良傳統的角色。

當今世界上，很多國家發生了藝術傳承的斷層，查其主因，莫不是崇洋過頭，而忘記了自己的根。等到發現根已枯萎而再求補救

時，已是爲時已晚。日本逃過了這一劫，都應歸功於一批傳統文化的捍衛者，日夜不斷耕耘著。

(四)大宗購物與精緻小品

大宗購物是大量生產下的自然產品。日本也受美國大量生產法則的波及，順利成爲一個大量生產的國家。到日本購物也成旅遊的時尚。到日本去旅遊，一定要大量採購日本貨而歸，以作爲本身的炫燿。

但是，日本的優質物品，卻不是大量生產下的產品。它是維持固有文化水準的一種表徵。優質的物品，是貴在精緻而非量多。從日本的糖果糕餅到四時水果；從優質的照相機到零缺點的轎車，都說明著日本有保留優良傳統貴精不貴多的一面。

要了解文化的日本，並非二三千字可以說完。不過，上述各節重點都是一種提綱性的指示。都是從經驗中找到的答案。如果說是去日本觀光，不能從上述指引中，或是個人體驗中去了解日本的眞象，那也只能算是一個「到此一遊」的泛泛旅客。在一生的旅遊見識中，意義不大。

Travel Tip

生活藝術與品味的東京

西元一九六四年，日本成功地舉辦東京世運之後，正式向世人宣告，日本已從二次大戰後的戰敗國躍升為世界大國。四十年後，也就是西元二○○四十二月，日本正式宣佈，東京已成為「生活藝術和優良品味」的美食之都。因為一項名為「享樂主義者的晚宴」將於該年

十二月於東京舉行。負責這項盛宴的有二位世界頂尖的大師級人物，一位是法國「世紀名廚」侯布匈（Joel Robuchon），另一位則是美國酒評家羅伯‧派克（Robert Parker）。

派克負責「享樂主義者的晚宴」，席間有十九款頂級名酒，包括一八六四年份的拉飛堡紅酒（Chateau Lafite）、一九二一年份的迪昆白酒（Chateau D'Yquem）和一九五三年份的馬葛紅酒（Chateau Margaux）等。「世紀名廚」侯布匈表示，上述精選的頂級美酒將使他在菜單上面臨「困難的挑戰」。為了要匹配這些美酒，他將設計十九道菜和十九款酒搭配。

這項稱之為世紀之宴的老饕晚宴，全球只有四十位饕客受邀，雖然受邀者要支付一百萬日圓的「出席費」，但以酒單而言，區區四千萬日圓，可能不足以支應盛宴的成本。

侯布匈在十月十五日東京的記者會上說：「享樂主義者的晚宴」過後，日本首都東京可以正式成為「生活藝術與品味的象徵」。

對日本而言，這又是一項偉大的突破。

 # 第二節　新興的韓國

戰爭可以改變一切，其中最嚴重的，莫過於一個國家的命運。從好的方面來看，一個國家有若從灰燼中升起的鳳凰；但命運坎坷的國家，卻從此在地球中消失。而韓國就屬於前者，因為，韓戰徹底改變了韓國的命運。沒有韓戰，今日的韓國（指南韓）會不會躋身亞洲四小龍？能不能夠舉辦一九八八年的漢城奧運？甚至二○○

二年的世界杯足球賽？都是一個存疑的問號！

　　一九六四年日本人向世人宣示，日本不再是一個戰敗國了，因爲東京世運讓它進入世界經濟大國；同樣，一九八八年的漢城世運，也是韓國向世界宣佈，它已經浴火重生了。

　　韓國爲了籌辦世運，傾全國之力，將漢城美化，讓世人看不到絲毫的戰後留下的遺跡。若要憑弔古戰場，只好去無名英雄墓了。爲了配合奧運，其與觀光相關的各種旅遊事業，也開始有條不紊地著手規劃，因爲奧運過後，才是眞正觀光事業興旺的開始。漢城自然是指標性市場。

　　漢城有一個民俗村，是爲了讓外國人在短暫的停留時間內，能夠了解韓國觀光推廣組織下的一個展示單位。它之所以規劃在政府機構之下，主要是避免太過商業化而流入庸俗。觀光事業一旦交由民間經營，自然難逃脫牟利的宿命，所以文化村在一開始籌劃時，就排斥牟利經營的手法。文化村內的所有人員，都是由政府雇用，囚爲沒有牟利的壓力，演出的節目自然以逼眞爲主。工作人員因爲受到雇用條例的關係，演出自然要認眞賣力。漢城的韓國文化村收到預期的效果，也成爲觀光客必到之處。

一、漢城－普羅大衆的購物天堂

　　在亞洲，有不少的購物天堂，最先是東方之珠的香港，然後到東京、新加坡、曼谷甚至台北。但是，上述諸天堂都好像是爲有錢人而設，到這些城市購物的人，多少有一種炫耀心理，如果去買次級貨，會有一種莫名其妙的罪惡感。可是，漢城卻像是一個一般大眾的購物天堂。

　　到漢城購物，要抱定一個宗旨，不要期望用十五元美金，買到

一只貨真價實的勞力士手錶。當地攤的小販拿出名牌錶向遊客兜售時，如果遊客用懷疑的口吻問：「這隻錶是真的嗎？」他會用堅定的語氣回答說：「有可能！」

在漢城的南定門和東定門這兩個鬧市，遊客在窄小的巷弄裡擠來擠去，挑選便宜的名牌貨，其實，它們也都不全然都為仿冒品，有些是真正的名牌，只不過是品質較差而已。主因是很多歐美和日本名廠，為了找便宜的勞力市場，紛紛把生產線移到東亞，韓國也是其中之一。當產品出廠時，通常要經過相當嚴格的檢驗，不合規格或有瑕疵的產品，一律不許出口，而這些印有名牌的產品，也就回流到本地市場上，由於價格便宜，自然吸引遊客。

到漢城買東西，如果不會韓語，必深以為苦。不過，靠近美國第八軍總部的梨泰院（Itewon）的商店，服務人員都會講英文。梨泰院以出售韓國玉石如紫水晶、綠玉、煙水晶等，品質非常好，而且價錢公道。喜歡韓國玉石的人，可以留意一下。

如果喜歡收藏古董和字畫的旅遊人士，一定要親身遊歷一下仁寺洞（Insadong）一帶的古物店。在那裡收藏精緻的書法和古畫，還有深受一般人喜愛的古漆器，色澤明亮，選擇性大。仁寺洞是一個高水準的古董收藏區。仿古的製品如「朱森皇朝」（Choson Dynasty）流行的珠寶箱和藥箱，幾乎到可亂真的地步。科學方法引進之後，韓國的仿古品愈做愈好了。

二、古代的遺跡－詩情畫意的鏡浦台

鏡浦台處在韓國東海岸線上，距離漢城不遠。它可以說是一個很幸運的觀光勝地，因為倖免毀於韓戰，原有的詩情畫意景觀，仍保持原樣。

　　早在十六世紀，韓國詩人容生都（1587-1671）就寫了不少描述鏡浦台美不勝收的詩篇。他把鏡浦台鄰近的山水，說成是靜中悟慧的好去處。特別是坐在湖岸上，遠眺山巒，群峰在白雲浮動時若隱若現的情景，好像是一個少女；有時用細紗矇面，偶而因微風輕拂面紗，露出美好輪廓的一角，隨風之後，面紗又把面遮起來，永遠是那麼神秘，永遠是吸引人去掀開那神秘的面紗。容生都四百年

▲　鏡浦台的佛寺

前就爲鏡浦台勾畫出觀光的景點。

　　鏡浦台很幸運地躲過兵燹之亂，另外還有一件幸運的事是，避開了觀光的人潮。人爲的踐踏和兵災的破壞，對觀光而言，同樣是兩個不可饒恕的罪過。鏡浦台至今還沒有吸引大量的遊客，這對喜歡靜中生美的遊客而言，反而是一件好事。因爲俗不可耐的遊客常來的話，有靈性的地方也會變成庸俗不堪了。

　　韓國詩人吉楊對鏡浦湖曾有浪漫的描述。他說：在月夜遊鏡浦湖，遊人可以發現有五個月亮，一個是在天空，一個是在鏡浦湖內，一個是在東海之濱，一個是在清茶的杯子裡，最後一個是在情人的明眸內。這是多麼有情調的描述呀。

　　鏡浦台距離北緯三十八度線不遠，這或許也是遊客較少的原因。從鏡浦台往東海岸走，有許多廟宇，而且建築地點均選在岩石上，廟內的裝潢和設計，都和傳說的神話有關。廟內若干陳設，現在都列爲「國寶級」，對佛教寺廟有興趣的人，可以到鏡浦台參觀。

　　鏡浦台地方不大，飯店不多。如果是一日遊的話，清晨從漢城坐車北上，大約黃昏可以回到漢城；不過，如果沒有看到「五個月亮」的迷人夜色，鏡浦台是白去了！鏡浦台的小客棧還是保留著古老的傳統，冬天還是用柴火取暖。對住慣空調設備的大旅館的人而言，不妨到鏡浦台住一夜，體會鄉村旅遊的樂趣。

　　由於鏡浦台位在東海之濱，村中的人多以捕魚爲生，用魚做菜也特別多，其中以用黃鯛魚曬乾的魚乾最爲有名，這種魚乾可以生吃，如果佐以韓國啤酒，特別入味。用魚乾和豬肉一起紅燒，加上白菜，是鏡浦台餐館的名菜，其餘各色各類的新鮮貨魚乾，應有盡有。喜歡吃烏賊的人，到了鏡浦台就好像進入烏賊鄉一樣。如果碰到捕烏賊的船是滿載而歸的話，可以買到上等烏賊，然後帶到餐

館，用韓國方式燒煮，特別入味，烏賊乾也是下酒好菜。

　　從鏡浦台往北走幾哩，就可以到有名的漢周台燈塔。燈塔是蓋在長滿蒼松的岩石上，只有塔尖露出松林，發出閃電的燈光，讓遠來的船隻知道航道和方向。從岩石下向上看，淺綠深藍的樹林，順次而生。在燈塔進口處，有一道描述風景的詩：「在山下細數著山巒的群峰，而東海的浪聲，像有節奏的音符，聲聲傳入耳際。彩色的景緻，隨著不同的時空而轉變，它就好像是神奇的幻影，時遠，時近。」這就是詩情畫意的鏡浦台的最生動形容。

　　韓國在東北亞的觀光地理中，占了很重要的地位。以自然景觀而言，它的四季都有特色，春天的花、夏天的果、秋天的楓、冬天

▲　韓國鏡浦台的懸石和古松

的雪，都說明了天賦的時序，為它注入了豐厚的觀光資源。

　　韓國政府和人民，都認為觀光是宣傳國家的最好辦法。它可以透過國外旅客，把韓國的特質，一傳十，十傳百的傳出去，這是最好的宣傳。但是宣傳是要負責任的，如果沒有好的觀光資源和好的觀光建設，則宣傳都是負面的。韓國上下都了解這重要的一環，因而不遺餘力去建設，讓從灰燼中升起的鳳凰，變得愈來愈美。

Travel Tip

蛻變的北韓

　　觀光，可以改變一個地方的命運，即使連封閉的北韓也不例外。在二○○二～二○○四年的二年中，為了經濟需求，北韓慢慢改變了閉鎖的政策，試著像南韓一樣，招攬外資和觀光客。在觀光業的帶動下，北韓小鎮高城有了明顯的轉變。

　　根據華盛頓郵報二○○四年三月十二日的一則報導指出，高城人口約二千五百人，位於南北韓非軍事區以北十五公里，拜前往金剛山觀光的人潮之賜，經濟有了明顯的進步；不但如此，北韓的士兵，也慢慢適應了觀光客的習性，雖然還是步步為營，緊隨著觀光客的腳步，沒有放鬆。不過，值得一提的是，北韓士兵可以理性溝通，再不像以前以毫不講理的方式，對付外來的觀光客。

　　目前，到金剛山觀光的旅客們，可以住在停泊在湖上的五星級浮動旅館。其實，它是當年越戰時期停放在西貢港外，提供美軍休閒居住之處。

　　高城只是北韓開觀光的一扇小窗，不過，當這扇小窗把觀光的空氣引進之後，再加上經濟需求的刺激，相信在不久之後，會有更多像高城金剛山一樣的美麗景點，開放給外來的觀光客欣賞。

　　和高城觀光相關的另外一個重要發展是，在蘇州召開的第二十八屆世界遺產委員會於二○○四年七月一日審議高句麗遺址，經過討論決定將北韓和中國共同提出的高句麗遺址同時被列入世界文化遺產名錄。於是，高句麗王城、王陵遺址在一夕之間，變成日後中、韓兩國共同擁有的觀光寶藏。誠如聯合國專家在審議通過後用讚歎的口吻說：「為一種已消逝的文明提供見證」。這也是「過去湮沒的文明，當它重新出土後，就成為明日的觀光景點」的另一明證。

　　相信高句麗變成全球觀光新景觀之日，也是北韓向世界宣佈開放觀光之時。

 第三章　泰國、馬來西亞與菲律賓

第一節　奇妙的泰國

當十九世紀歐洲殖民地主義侵略者向東（亞洲）攻城略地的時候，泰國非常幸運地先後出現了二位明君，拉瑪四世（Rama IV, 1851-1868）和他的兒子拉瑪五世（Rama V, 1868-1910），靠著靈活的外交手腕，很巧妙的地斡旋於英、法兩大強權之間，讓泰國免於殖民統治的厄運。

當時，英國的殖民勢力從印度延伸到緬甸，而法國則占領了整個中南半島，泰國卻夾在其間。拉瑪父子看穿了英、法兩國統治者的心態，不希望在東南亞拼個你死我活，因為德意志強權在歐洲崛起，若英、法兩國因拼泰國而傷了和氣，將來無法也無能力聯手對抗德國。拉瑪父子利用敵人的矛盾，將泰國成為兩國的隔火牆，也就是外交上所稱的緩衝國（Buffer State）。泰國是在東南亞觀光地理中，唯一找不到殖民地影響的國家的主因，也因此，泰國一脈相傳的文化能夠延續至今。

一、多元文化和多元種族

泰國文化雖然沒有被西方文化侵入，但是暹邏王朝時代的拉瑪國王，卻引入英文，讓英國籍的老師在宮廷裡教導禮儀和英語。上行下效的結果，泰國人變得很有禮，英文在泰國也非常流行，幾乎變成工具語言。從推展觀光的角度而言，這絕對是正面的。

泰國人並非單一民族，它是由原有的泰人，加上蒙古（Mon）族、Khmer族（即柬埔寨族）、寮族、華族、馬來族、波斯族和印

度族混合組成，經過幾百年來透過婚姻後的種族融合，終於變成了真正的泰人。但是從人相學來看，泰國人也分輪廓極差的泰人（Statuesque Thais）、圓臉泰人（Round Faced Thais）、深膚色泰人（Dark Skinned Thais）及淺膚色泰人（Light Skinned Thais）四種。不過，他們相處融洽，根本沒有所謂先來後到之別。因此，在泰國的歷史中，從來沒有出現過種族大屠殺的殘酷例證。

因為泰國是由多元民族組成，它的文化也變成了多元性文化。各族都留有本身的傳統文化，如：衣著、宗教、社會習俗等等，但是泰人多信奉佛教，也承襲了和平寬容的宗教信仰，彼此尊重對方。到了泰國觀光，也有機會了解少數民族的生活習俗，而原住民平均分布在邊境，尤其是泰北，很多旅遊人士不辭辛苦前往泰北，目的就是要尋求少數民族的根源，以及它們能維持至今的原因。

泰國人除了信奉佛教之外，其餘少數的宗教信仰民眾，也受到尊重。如回教、基督教、印度教及錫克教等，都能在泰國內自由傳播。它們不但為少數宗教保留了生機，讓除了信奉佛教之外的外國人士來到泰國，也可找到自己的宗教信仰，為旅遊事業注入新細胞。宗教信仰是保留本身文化的最好辦法。泰國多元文化沒有相互排斥而致湮沒，宗教自由信仰扮演了一個重要角色。

二、多元景點

(一)泰國首都曼谷

曼谷是一個很特殊的城市，兼具古老文明的氣息和現代的風情。金碧輝煌的皇宮、廟宇，豐富多元化的娛樂活動，親切和善的人民等，都讓曼谷無處不散發著神秘又熱情的氣息。湄南河悠悠流

貫其中，運河邊上的水上人家正滿載著水果和蔬菜進行買賣，活潑熱鬧的水湄風光，爲曼谷贏得「東方威尼斯」的美譽。

(二)大城（Ayuthaya）

　　大城位於湄南河東岸的大城，境內平原廣闊、河道縱橫，優良的先天條件，曾是泰國的古都長達四百年之久，是走過輝煌歲月，氣質獨具的泱泱古都。過往的繁華與興盛，爲這個大城留下壯麗的寺廟建築與輝煌的歷史文化。今日大城風光雖已不復見，但漫步其中，仍想感受到它幽靜典雅的溫婉氣質，這是一個綜合宗教、藝術與文化的泱泱古都，的確值得細細品味。

▲ 觀光客必到的曼谷市水上市場

亞澳紐非觀光地理

(三)桂河（Kanchanaburi）

二次大戰期間，日軍建造一條從泰國越過緬甸直達印度的鐵道，著名的桂河大橋（River Kwai Bridge）也因電影而成名。桂河市就是接連桂河兩岸鐵軌橋樑的所在地，其名也因此聲名大噪。許多人不遠千里而來，就是為了站在桂河岸頭，憑弔過去那段可歌可泣的戰爭歷史。桂河近年異軍突起，成了著名的觀光勝地。

(四)芭達雅（Pattaya）

芭達雅又名東方的夏威夷，是全泰著名的休閒度假勝地，且距離曼谷只有二小時車程，因此不少到曼谷旅遊的人，都不忘去芭達雅一遊，感受「東方夏威夷」的魅力。在這個充滿浪漫異國情調的天堂裡，遊人可以瘋狂、可以慵懶、可以享樂、也可以無所事事。美麗的芭達雅，讓人不想回家。

(五)普吉（Phuket）

普吉原文是多山的意思，內陸起伏山脈的地形，而且四周包圍著無數大小島嶼，普吉島有著得天獨厚的觀光資源，尤其是一望無盡的海水沙灘、或喧嚷、或寧靜、或活力四射、或清幽動人，都散發熱鬧多樣的南洋風情。更令潛水人著迷的是，還有安達曼海暖流所孕育出的珊瑚礁海域，造就了無與倫比的海底天堂。普吉島的另外兩個吸引人的特色是：芒果糯米飯和「〇〇七大戰金鎗人」的實地取景地點。

(六)清邁（Chingmai）

清邁（Chingmai）和清萊（Chiang Rai）與泰國其它地點相

38

▲ ○○七大戰金鎗人拍攝地點—泰國普吉島之攀牙灣（○○七島）

較，位泰北的清邁和清萊顯得更加舒適宜人。四周山巒環繞，青蔥翠綠，氣候溫和清爽，四季如春，這裡有最明媚的湖光山色，純樸的風土民情，是泰國最著名的避暑勝地，有著「北方玫瑰」的美譽。不僅如此，罌粟產地金三角、反共救國軍根據地美斯樂、佛塔寺廟的傳奇故事，都為清邁和清萊增添了神秘色彩。

　　清邁的特色是，豐沛的原始自然的山林景觀、少數民族風情、富有少數民族風味的手工藝品，以及融合緬、寮迷人的風土民情。

　　清萊的特色是「金三角」的發源地，位在泰、緬、寮三國交界處，地勢多山，位處邊遠。若不是「金三角」惡名彰昭，清萊的聲名還不會如此響亮。隨著毒王昆沙投誠，罌粟剷除一空，已無任何

毒品交易。由於地理位置和一段神秘的歷史,清萊才能跳躍在泰國觀光地理重要位置上。

三、多元購物天堂

　　到泰國購物,要把握兩個原則:首先是以泰國出產的產品為主,其次要選購代表特殊文化的手工藝品。歐美國家的名牌產品,由於價格過高,並沒有受到一般遊客的寵愛。當然,對不在乎價錢的採購者而言,又自當例外。

　　泰國本土名產有泰絲、陶瓷器、木雕、漆器、寶石和寶玉等,都是具有泰國特色的名貴品。泰國的名產多以地區來分,如泰國西部出產有名的寶玉,泰國南部出產珍珠、泰北則以產木器出名,東北部則以絲綢馳名全球。

　　不過,泰北的少數民族手工藝品,卻有巧奪天工的聲譽。例如:在清邁的苗人村和美人村,村民以雙手織出來的東西而有名,因為他們都是親手用一針一線縫製各種織品。除了手織之外,她們還製作泰絲、紙傘,手工細膩。除此之外,珠寶、銀器、陶器和漆器等各式各樣東西,都極具紀念價值。最難能可貴的是,手工藝品也反映出少數民族的傳統文化和生活藝術,為保持多元的泰國文化扮演著香火傳承的重要角色。

　　觀光,讓世界進入了地球村。觀光地理,又變成了地球村內的自我認定的標誌。觀光地理是一個概括名詞,它的內容才是讓人認識標誌的重要符號。沒有內容,將很快消失掉;觀光,也是保留不同文化遺產的推手。若是沒有觀光,相信很多世界文明的遺產,可能就被湮沒了。

泰國葡萄酒

　　你曾想過泰國也釀製葡萄酒嗎？如果有機會到泰國旅遊，而且是在一些五星級酒店用餐的話，不妨點一瓶迪魯伊酒莊（Chateau de Loei）出產的紅酒或白酒，你就可以嘗出泰國葡萄酒的風味了！

　　迪魯伊酒莊和葡萄酒園，就設在泰北和寮國的交界處。Loei是泰北小鎮的名字，酒廠取地名為酒名。早在一九九一年，泰國大亨Chcaijudh Karnasuta就在魯伊小鎮投資開闢葡萄園，並從法國請來酒國名師出任園主。到了一九九五年在園主彼德‧博福特（Peter Burford）苦心經營下，終於有了收穫。該園出品的紅、白葡萄酒都受到歐、美品酒人士的重視。不過，若要談到等級，卻還有一段長路要走。

　　博福特最引以為傲的是，他專門種植適合泰北土壤和氣候生長的葡萄，幾經試驗之後，終於選定Chenin Blanc白葡萄和Syrah紅葡萄。西元二○○一年，這兩種葡萄酒正式上市。其中得一提的是，Chenin Blanc白酒，具有特殊的果香味，和傳統上帶辣的泰國菜相配，最為恰當。一般的泰國人，甚至是國外觀光客，每每用冷凍的啤酒和帶辣的泰國菜相佐，因為他們覺得進口的白葡萄酒太貴。現在有了迪魯伊白葡萄酒，也許可以改變日後泰國人的飲食習慣。

　　迪魯伊紅白葡萄酒的標籤非常特殊，標籤的上端印了一隻彩色大公雞，背景是葡萄園莊，標籤的中下段分別印葡萄年份、酒莊名字和其它相關資料，最下一行印著「泰國出產」。

　　自一九九○中葉開始，泰國興起了喝葡萄酒風氣。世界各大葡萄酒出產國，都紛紛到泰國推銷。不過，由於價格和酒稅日益高漲，不是所有泰國人都負擔得起。現在迪魯伊國產葡萄酒已小有名氣，且價格低廉，適合喜歡喝葡萄酒的普羅階級胃口。相信，在不久的將來，迪魯伊的彩色大公雞，就會變成最受歡迎的商標了！

第二節　真正的亞洲－馬來西亞

　　馬來西亞政府觀光文化部延請馬籍華裔明星楊紫瓊爲其拍攝觀光廣告：片名爲 "Malaysia - Truly Asia"「馬來西亞，真正的亞洲所在」。這段廣告非常吸引人，有觀光、有人文、有和諧，它強調和諧是繁榮之所繫；繁榮是吸引觀光的不二法門，在短短不到一分鐘的電視廣告中表露無遺。

　　在馬來西亞聯邦諸州中，要以馬六甲爲最具多元文化色彩的一州，至今還保存著回教文化、中國文化、馬來文化、葡萄牙文化、荷蘭文化和印度文化。有人形容到馬六甲參觀，有如喝「印度咖哩雞湯」（Mulligatawny Soup），裡面甚麼都有。不過，用萬花筒來形容參觀馬六甲文化，最爲恰當不過。因爲不管怎麼轉動，圖案永遠是協調的。馬六甲風華依舊，就是靠共存共榮、互不相互排斥的多元文化維繫著，而這個優點，也是維繫全馬來西亞安定和繁榮的基石所在。

　　馬來西亞共分兩部分，一部分是馬來半島，北面和泰國接壤，一直南伸而下止於柔佛州。過了橋，就是新加坡。星馬沒有分家前，人稱之爲聯邦橋，現在則爲國界之所在。馬來西亞人稱馬來半島爲西馬來西亞。馬來西亞國土的另一部分則是在婆羅洲島的另外兩州，一是砂勞越州，另一則是沙巴州，人稱之爲東馬。

　　從觀光地理的角度來看，東、西兩馬都有它們的特色，其中以東馬兩州，最富冒險特色。有人稱之爲冒險家的樂園，絕不爲過。

▲ 馬來西亞馬六甲的三寶太監（鄭和）廟

一、東馬來西亞

(一)沙巴州

　　沙巴州尚未加入馬來西亞之前，是英國屬地，名為北婆羅州。一九六三年加入馬來西亞，成為馬來西亞聯邦國的東馬一州。東南亞最高的神山，海拔四一○一公尺，就是位在沙巴州之內。由於靠近赤道，神山雖高，但終年並不積雪，也成為熱帶攀山冒險家的最愛。

　　九月是攀山的旺季。攀登神山可分兩階段，第一階段是沿山路前行，這個階段是以觀看奇花異草和稀有動物為主，世界最大的花朵Rafflesia也會在山林間和登山客見面。這段山路只要隨著響導的指引，不會有任何情況發生。可是，到了主峰之下，要想再往岩石主峰攀爬，要事先經過批准。只有願意接受主峰岩石山峰挑戰的人，才會繼續前行。

　　沙巴除了神山之外，還有一條直通沙巴州心臟的冒險之河－金那巴坦卡河（Kinaba Tangan），又名「原始的天堂」。金那巴坦卡河是沙巴州最長而且是灌溉面積最大的河。沿河流域都是沙巴州特產長嘴猿（Orang Belanda）出沒的地方。即使在一九五〇年代，這條河的心臟區仍住有獵頭族部落，但現在已被文明化了。金那巴坦卡河也是賞鳥者的樂園，因棲息在河岸兩旁的鳥，也是在其它地方看不見的種類。鳥類的啼聲，有若穹蒼的鶴鳴，和一般凡鳥有異，可以說是探險的收穫之一。

(二)砂勞越州

　　東馬的砂勞越州可說是冒險家的樂園，也因而贏得了「熱帶尼泊爾」的綽號，完全是以熱帶風光和探險來取勝。砂勞越首府古晉，是高級燕窩的集散地。參觀採燕窩是古晉的觀光景點之一。燕子的窩都是築在懸岩峭壁上，有些則是在山洞的頂端，採集燕窩的人，除了需要夠膽識之外，還需要有身輕如燕的本事。在採燕窩的緊張過程中，只要一不小心，就難逃粉身碎骨的厄運。

　　在砂勞越的西北方，有一個世界聞名的尼亞洞穴國家公園，約在五〇年代中葉，考古學家就在洞穴裡找到一具約在四萬年前出生的男性屍體，而且保存得非常好。尼亞洞穴也因此一夕成名，在觀光地理中大放異彩。

▲　馬來西亞砂勞越古晉河的落日和海的落日具有不同的風貌

　　砂勞越也有一個世界最大的洞穴－砂勞越洞穴（Sarawak Chamber），洞穴裡的範圍，可以停放四十架波音七四七型飛機，到目前為止，世界上恐怕還找不到這麼大的洞穴了。

　　砂勞越的根奴‧火山（Gunung Api Mountain）也是風景名勝區。在馬來文中，Api是火的意思，因為山內群峰有如小尖塔峰般聳立，再加上地質的關係，每到落日時，陽光因折射而將群峰照得像火焰般的赤紅，十分壯觀。

　　上述東馬兩州的原始風光，在已開發國家內已經很難看到，也變成觀光地理中最富冒險旅遊的第一手教材。

二、西馬來西亞

西馬來西亞，也就是馬來西亞半島，是一塊充滿原始風味和多樣文化的旅遊版圖。

在馬來半島，雖然沒有險峻的高山，但有兩個高原－雲頂高原（Genting Highlands）和金馬崙高原（Cameron Highlands），在觀光地理中，凡稱之為Highlands的地區，都是在海拔兩千公尺以下的高地。雲頂高原是一個人為製造的高原勝地，它是以賭聞名，而非以自然生態取勝。金馬崙高原卻是山上布滿奇花異鳥，可以說是鳥語花香的天堂，每年舉辦一次的國際花鳥大展，所展出的每一株花，都具有國色天色之姿；每一種鳥均可說是異種極品，在「凡間」很難見到。

Travel Tip

健康療養旅遊

人類經過一場SARS浩劫之後，健康療養旅遊（Medical and Health Tourism）的專賣路線隨之提出。有些國家積極規劃，且已有推出配套措施，但有些國家仍然停留在口號階段。

以馬來西亞而言，在尚未推出健康療養旅遊的政策之前，就已經有觀光結合美容醫學的套裝旅遊遊程。只要是參加套裝旅遊前往馬來西亞的檳城，不但可以享受高水準的美容醫療診治，還可以盡情徜徉在檳城的風土民情之中，可是說是馬來西亞在後SARS時代的新計劃。

馬來西亞觀光局和健康部，在二○○四年四月二十二日至二十五日的亞太旅遊交易會中聯合出擊，除了向參加的國際業者推出觀光美

容之旅外，還對外表示為了配合馬國既定的健康療養旅遊政策，馬國特別放寬醫療專業人員的移民條件，讓更多的國際醫療人士投身馬國的醫療體系，以便營造有利的健康療養旅遊環境。

　　以目前的情況而言，瑞士是首屈一指的健康療養旅遊的「大國」。馬來西亞觀光局為了要取經，從二〇〇三年開始，有計劃性地派人前往瑞士學習，以便為日後的健康療養旅遊一展身手。馬來西亞觀光局表示，二〇〇五年亞太旅遊交易會將移師吉隆坡，相信屆時將會有精彩的健康療養旅遊配套計劃。

三、度假島嶼

　　馬來半島有三個國際知名的度假勝地的島嶼。在觀光地理中，以度假知名的島嶼不多，馬來西亞卻占了三個，可說是得天獨厚。

(一)刁曼島

　　刁曼島（Tioman Island）面積不大，長約十一公里，寬約五公里左右。島的中央是高山，熱帶雨林滿布山間，因而引來不少鳥類，是賞鳥的好去處。除了有如銀的細沙外，還可以乘船出海從事海釣，為觀光增加不少樂趣。

(二)檳榔嶼

　　檳榔嶼（Penang）又號稱「東方之珠」（The Pearl of The Orient），遠在十八世紀就成為英國人在馬六甲的戰略據點。職事之故，早年的檳城，因為承襲了英國人戰略位置的優勢，而且也是貿

▲ 馬來西亞刁曼島

易大港,故生活極爲繁盛。島上的建築,都是磚紅色的瓦和奶油色
的牆,再配以椰林和芭蕉,顏色層次分明,有如一幅美麗的油畫,
「東方之珠」絕非浪得虛名。可惜的是,一九七〇年代,檳州執政
的州政府,與中央政府非屬同一執政黨,因而財政沒有獲得中央的
補助,建設因此中斷。到了八〇年代,地方政府和中央政府再同屬
一黨,財源也滾滾而來。但是經過十年的財務斷層,要再想重新恢
復「東方之珠」的聲譽,已是一件不可能的事。在觀光地理中,最
怕見到的一件事就是,因爲政治紛亂,而斷送了觀光發展的命脈。
檳榔嶼就是一個值得借鏡的例子。

(三)蘭卡威島

　　蘭卡威島（Langkawi），也是馬來西亞前首相馬哈迪最引以為傲的外島。島上海灘，沙細如銀，山上長滿青峰翠綠的熱帶雨林樹木，再加上島內奇花異草遍地，更沒有人為的工業污染，的確是山明水秀的仙境。馬哈迪首相除了在這裡舉行內閣會議外，也常邀請友邦來此舉行度假外交。

▲　潛水者的天堂－馬來西亞蘭卡威

▲ 馬來西亞檳城的蛇廟又稱青龍廟，廟中盤據的青蛇

四、馬來半島的天堂

(一)吉蘭丹州和丁加奴州

　　在馬來半島的東邊，有兩個「天堂」，一個是由吉蘭丹州和丁加奴州組成的馬來文化與自然美景的文化美景天堂；另一個則是彭亨州的內清妮湖（Lake Chini）的探險天堂。吉蘭丹州及丁加奴州和馬來半島其它各州非常不一樣，這兩州擁有很強的回教古老文化世界的特質。

　　吉蘭丹州有馬來文化搖籃的美譽，由於它和泰國接壤，故其文化中含有很強烈的泰國元素；丁加奴州則以漫長的海岸線著稱。由於保守的因素，它的建設，遠落其它各州之後，但這也讓它成為馬來半島最富有原始氣息的一州。特別是漫長的海岸線上，長滿了椰子樹和芭蕉樹，南洋椰林蕉樹的特色，都可以在丁加奴州找到。由於漫長的海岸線沒有人為的污染，成為海龜產卵的天堂。海龜產卵是丁加奴州的觀光黃金項目，在世界的觀光地圖中，能夠找到海龜產卵的地方並不多。

(二)彭亨州

　　彭亨州是馬來半島最佳的熱帶雨林旅遊景點。彭亨州內高低起伏的大自然保護區，擁有令人嚮往的種類繁多的動植物。它是一個常值得去探索和進行冒險旅遊的大自然生態天堂，而其中以清妮湖為最。

　　馬來西亞在世界的觀光地理中，占了一席重要的地位。因為它包羅萬象，從世界最高的建築物－吉隆坡雙塔，到最原始的沙巴州金那巴坦卡河；從東南亞最高的神山，到世界最大的砂勞越洞穴；都說明了馬來西亞是一個最具觀光吸引力的國家之一。其地位自不可忽略。

Travel Tip

馬六甲娘惹文化

　　到馬來西亞的馬六甲觀光，不要搭乘旅遊巴士，也不要坐小轎車，最好是選擇三輪車慢慢的觀看。車伕通常會說華說，沿途可以為乘客解說一些具有歷史價值的典故，三輪車也可以從狹窄的小巷裏川行，讓乘客可以一覽古文物和寺廟。

　　在馬六甲海港入口處不遠，有一家「阿肥嫂海鮮館」，其知名度，不下於馬六甲蘇丹。「阿肥嫂海鮮館」以新鮮的魚、蝦和螃蟹聞名，烹調手法一流。它的煮法已將馬來及印度的調味混合，吃起來別具風味。到馬來西亞其它地方旅遊，很難品嚐到馬六甲獨特風味的海鮮。

　　馬六甲的娘惹菜也是一絕。自從鄭和從馬六甲返回中原之後，中國商人也開始沿著鄭和的航線到達馬六甲經商，久而久之，華、巫通婚蔚然成風。隨後加上歐洲來的移民，和華、巫的下一代通婚，娘惹文化由是而生。娘惹文化的最大特色表現在鮮艷的衣著上、飲食烹調以及自成一格的語言和建築。到了馬六甲，可以欣賞到娘惹文化的精髓！

　　到馬六甲觀光，有如走進時光隧道，一幕又一幕的歷史，從眼簾閃過。如果馬六甲風華不再的話，曩昔多采多姿的歷史，說不定會隨時光湮沒。馬六甲能有今天，應歸功於歷史的包容。

　　在一個多元文化的社會裡，只有相互尊重，才能夠繁榮昌盛！

第三節　日落的菲律賓

一、觀光興盛期

　　菲律賓這個曾經在觀光地理上有過一段輝煌歲月的國家，終究也經不起統治者的折騰，忽然之間在國際觀光市場上消失。

　　自二次大戰結束到馬可仕總統在八〇年代初葉被迫去國這段日子，可以說是享盡了觀光上的天時與地利的兩個極為優厚的條件。

　　二次大戰結束，菲律賓和亞洲其它國家一樣，飽受共黨革命的威脅。但菲共並沒有為菲國帶來赤禍，主因之一是韓戰救了菲律賓；其二是菲國前總統馬格塞塞的民主領導，讓菲渡過難關。因為菲國自西班牙殖民統治轉到美國的扶植下，美國的民主在菲國也行之有半個世紀之久。因此，民選的政府成功戰勝菲共的威脅。韓戰時期美國第七艦隊駐紮，美、菲兩國的安全共同防衛條約，都讓菲國因而有了內在的安全，才能致力觀光資源的開發。

　　菲律賓也是一個多元文化的國家，因為它長期受西班牙統治，異族通婚的結果，在菲律賓人的血液內，也充滿看西班牙人的藝術因子。菲律賓人在歌唱和舞蹈上，都較亞洲其它國家為優。美國接替西班牙的統治地位後，又將自由民主的開放思想傳給菲律賓人。菲律賓人在藝術的表現上，更富創意性。這兩個優點，讓菲律賓人有足夠的後天資源，去賺取觀光金元。

　　菲律賓也是一個由大小數百島嶼組成的島國：呂宋島在北，民答那峨（Mindanao）在南，有名的宿霧島（Cebu）居中。這三個

島是菲律賓的基石所在。而它們又各具特色，構成了一幅美麗的彩色地圖。

二、主要島嶼

(一)呂宋島

　　呂宋島是菲律賓政經中心，首都馬尼拉位呂宋島之西。在西班牙統治時代，馬尼拉就是總督府的所在地，故天主教文化也隨著西班牙的殖民霸權而進入呂宋，天主教會把菲律賓土著教化成人，整個呂宋島的人口，大約有百分之九十七以上都是信奉天主教。時至今日，西班牙遺風，都可以在菲律賓人的臉上、菲律賓的手工藝品上、藝術創作上，以至人民的日常生活上活躍著。

(二)民答利那島

　　有別於呂宋島，民答利那島卻是一個受回教影響深遠的大島。蘇祿蘇丹在該島統治了有好幾個世紀。嚴格來講，西班牙殖民地時代，其殖民勢力尚不足以統治該島，西班牙總督和蘇祿蘇丹達成協議，西班牙委託蘇丹統治民答利那島。因為蘇丹是採世襲制。直到西班牙被美國趕出菲律賓，民答利那島才正式歸菲律賓統治。但是，政治力量卻沒有辦法去除根深蒂固的回教文化，宗教對立也因而時有所聞，只不過今日更烈。

　　民答利那島有兩個大城，島西的三寶顏（Lamboanga），島東的大務市（Davao）。前者用「三寶顏」來紀念明朝的三寶大監，因他率領的艦隊，曾經在三寶顏登陸，時至今日，三寶顏仍留有許多三寶太監遺留下來的文物和明代的遺風。三寶顏也是菲南的華僑

重鎮。大務市則是一個以觀光，特別是潛水來吸引歐美遊客的好地方。

(三)宿霧島

菲律賓中部的宿霧島，則是華僑集居的地方，應屬菲國華人最大的城鎮。中國人隨著三寶太監下西洋之後，即隨著他所經過的航道，紛紛到南洋各地發展，宿霧市成為重鎮。很多在中國閩南已經失落的民俗遺風，卻可在宿霧的華人社會圈子裡找到。時下流行「尋根之旅」，不過，到宿霧找回往日流失的遺風，卻成為觀光地理中的逆向旅遊，也是一件很有趣的事！

三、政治的衰頹

當馬可仕在一九六八年贏得首任總統的時候，他提出了一句動人的口號：「I Seek Today, I Seek Tomorow」把不斷尋求福祉，做為他給人民的許願。馬可仕上台之初，正值越戰方殷，因為美國和菲律賓簽有軍事議條約，馬尼拉外港的蘇比克灣變成了第七艦隊的大本營。菲律賓舉國上下，也因而發了不少越戰財。馬尼拉的建設，也是從越戰時期開始興旺起來。五星級的國際觀光旅館如雨後春筍般林立在馬尼拉的落日大道周圍。馬尼拉和菲國的風景區，也成為駐越美軍休假地的優先選擇。韓戰讓菲律賓免受共黨的威脅；越戰也讓菲律賓致富。

一九七二年，馬可仕總統贏得連任，可是，他許給老百姓的願景，卻沒有兌現，民怨因之而起。不過，菲律賓的經濟並沒有衰退，菲律賓人對馬可仕總統仍寄以厚望。

在馬尼拉市區，有一個特別區，稱之為馬卡迪城。住在特區內

的人，都是有身分地位的人。不是外國駐菲的使節和使館內的高級官員，就是菲國有錢、有勢的高級社會精英。因為沒有錢、沒有勢的人，是絕對住不進去的。而錢與勢的結合，也就腐蝕以馬可仕為首的官僚體系，社會的貧富差距自然引起了變化。

記得湯米‧李‧瓊斯和陳沖合演過一部名叫「天與地」的電影（Between Heaven and Earth）。這部以越戰為背景的電影，其內容雖和菲律賓無關，但是「天與地」卻正是馬可仕第二任末期的最佳寫照，因為菲律賓已成為一個天堂與地獄之別的國家。別的不說，從馬尼拉國際機場開車駛入市區，短短二十公里不到的路，車程需二至三小時，碰到暴雨，時間更長。而公路兩旁住滿了衣衫襤褸，甚至衣不蔽體的貧苦大眾。他們的飲用水，卻是由高級住宅區排出來的廢水，住的是用破鐵皮捲起的小寮，一家數十口擠在其中。誰會想到通往天堂的大道，竟然是一條走過地獄之門的恐怖路徑。當一個國家同時有「天堂」和「地獄」出現的時候，嚴重問題接踵而至。

一九七六年，馬可仕第二屆總統任滿，依照憲法規定，他已不能連任。可是，權力慾把他的道德操守腐蝕殆盡。為了要繼續連任，他甘冒天下大不諱，發動人民上街遊行，高喊修憲，然後再收買各黨議員，假藉民意之名而行修憲之實。馬可仕修憲的意圖達到了，但卻為菲律賓帶來了十年的災禍。

從一九七六年到八六年這十年間，菲律賓由一個亞洲的旅遊天堂，一變而成為一個乏人問津的棄市。馬可仕在一九七六年三連任成功，可是，社會大眾卻不認同，於是，遊行變成菲律賓人的「職業」。當一個國家的人民把遊行視為一種正當行為的時候，市場的機制也就宣告休止，因為沒有人要去工作，而他們的工作就是去遊行，就是要去打倒當政者。

　　馬可仕用最殘酷的手段，將當時反對黨領袖阿奎諾刺殺。阿奎諾是最反對馬可仕修憲連任的參議員。阿奎諾被殺的新聞爆發後，就好像是潘朵拉的盒子被打開一樣，所有不祥的災難，蜂擁而出。馬可仕最後在民怨沸騰和眾叛親離的情況下，終於倉惶出走，到美國的夏威夷渡過一生。馬可仕下台後，菲律賓選出了阿奎諾夫人出任總統，但問題並沒有解決，經濟惡化，社會動盪不安，外資撤退，南菲的回教叛軍伺機而起，想用武力爭取獨立，中央與地方叛軍對抗由是展開。

　　好萊塢有一部名叫「紅樓金粉」的電影，它的英文名字為"Sunset Boulevard"剛好和馬尼拉市區靠海的落日大道名字相同。紅樓金粉是形容一個成名的女星在聲名如日中天的時候，不知愛惜自己，最後潦倒下場。馬尼拉海邊的落日大道也有過它光輝的歲月，車水馬龍的景況不下於好萊塢比佛利山莊。可是，馬可仕在如日中天的時候，不會珍惜得來不易的聲望，最後客死異鄉。

　　菲律賓也曾在觀光地理中扮演過一個吃重的角色，但是它卻被統治者一手把它拉了下來。觀光是十分脆弱的行業。要振興它很難，要摧毀它卻不費吹灰之力。菲律賓就是一個活生生的例子，也是一個值得警惕的教訓。

第四章　印尼與新加坡

第一節　印尼－千島之國

　　印尼號稱千島之國，但自蘇哈托政權於二〇〇〇年被推翻後，印尼卻變成一個國事如麻，千頭萬緒待解決的大國。蘇哈托在一九六四年透過軍事政變，把當時的親共強人蘇卡諾推翻，直接建立一個親西方軍事強權政府。自始，蘇哈托統治了印尼長達三十五年之久。在蘇哈托的統治下，印尼連續實施六個五年經建計劃，將印尼從貧國的第三世界的一員，提升為開發中國家的國際成員。蘇哈托歷次提出的五年經建計劃，都沒有忽略觀光的建設，其中以峇里島的觀光建設被視為印尼觀光發展的經典之作，峇里島也在觀光地理中扮演了一個重要的角色。印尼雖然是千島之國，但是印尼的四個大島，卻掌握了印尼全國的命脈。

一、蘇門答臘島

(一)麻六甲海峽

　　在印尼之東的大島稱之為蘇門答臘島（Sumatra），與馬來半島遙遙相峙，中間狹窄的海域，是印度洋通往太平洋的咽喉－麻六甲海峽，自古以來，麻六甲海峽是兵家必爭之地，特別是以海權強盛稱霸的國家，更要掌握海峽的航道。目前，麻六甲海峽是世界上最繁忙的海道，也為周邊各國帶來了興旺的財富。

(二)水怪與老虎

蘇門答臘島上的棉蘭市（Medan）有一個天然的淡水湖。傳說中，它和蘇格蘭湖一樣，湖底有一隻龐大水獸。儘管傳說中所形容的水怪面目猙獰、兇殘可怕，但時至今日，水怪只會在民間流言中出現，它的真正面目還沒有正式公諸於世。

蘇門答臘的老虎非常出名，不過它的命運也和其它地方老虎的命運一樣，面臨人類狙殺，瀕臨絕種的命運。印尼政府目前把蘇門答臘老虎列為保護動物。根據聯合國報告，印尼執行保育政策非常徹底。

二、爪哇群島

從蘇門答臘往西南走，就是爪哇群島（Java），不但是印尼的政治中心，也是經濟、文化和觀光中心，是印尼政府命脈之所繫。根據印尼政治傳統的規定，印尼統治者一定要來自爪哇省，從古至今，沒有例外。（註：印尼目前的總統瑪嘉瓦娣是峇里島人，信奉印度教。她是在複雜政治環境下由各派妥協共推出來的人。）

印尼首都雅加達即在爪哇島，經過蘇哈托三十五年的主政，雅加達的建設，也變得像是一個水泥森林的大城，印尼的傳統文明，卻不易在雅加達找到。如果要想嗅一些印尼文化氣息，只好去國際觀光飯店看表演了。

(一)日惹城

在爪哇島南端卻有一個震驚世界的名城－日惹城（Yogyakarta）。日惹是古時的蘇丹皇城所在，它擁有爪哇文化的精

髓，不去日惹，很難理解爪哇文明主導著印尼的一切的原因所在。

日惹城有一座Borobodur廟，是南半球最大的石塊建成的佛教廟宇。根據記載，建造時期應在西元八百年左右，因當時是屬沙蘭特拉王朝（Sailendra Dynasty），國君篤信佛教，故有雄偉的佛教廟宇。後因火山爆發，整個廟宇都埋在火山灰燼下，直到一八一四年，在偶然的機會裡，被人發現而重新受世人重視。也是世界八大奇景之一，在觀光地理上占了一席重要地位。

在日惹城之東有一座名叫Prambanan的印度教廟宇。這座雄偉寺廟不僅是以氣勢取勝，它還有讓人「恨月易西沈」的迷人夜色。每年五至八月，每當月亮將升之時，女印度教徒會在廟宇空曠之處表演月光舞，舞者美麗的舞影隨著月亮移位而反映到寺廟四周的高牆上，煞是好看。

(二)泗水城（Surabaya）

爪哇島的南端有兩個出名的旅遊景點，一個是島上的泗水城，另一個則為世界有名的峇里島。泗水是印尼華僑集中地，他們的祖先，都是隨鄭和之後而來東南亞從事貿易的中國人。歷代相傳，把一些中國的古文化傳了下來，其後再混合了爪哇回教文化，因而形成特殊的華回文化，在爪哇島之南，獨樹一幟。

(三)峇里島

峇里島在爪哇島最南端，以觀光而著稱。爪哇深受印度文化影響，它和印尼其他地方所表現的強烈回教文化截然不同，也是印尼觀光地理中的一顆明珠。峇里島的雕塑世界聞名，在峇里島國際機場前往市區交通要道上，魔鬼站在兩匹馬的頭上，而站在戰車內的天神，一手持弓，一手持戟，迎戰魔鬼，這是有名的峇里島印度教

▲ 峇里島機場外的天神與魔鬼對戰的戰車雕塑

神話故事。雕塑家窮畢生之力把這個故事最精彩的部分雕塑成像，置於峇里島國際機場附近，讓前來觀光客留下深刻印象，而峇里島也以各種不同的雕塑聞名於世。

　　峇里島是一個綜合性的文化中心，所有的精髓，都可以在烏布（Ubud）村找到，是峇里島的高原文化村，以印尼藝術花市、油畫、藝術品和手工藝品而吸引國際遊客。峇里島的油畫雖非出自名家手筆，但是他們所繪的畫，幾乎與名家無異。峇里島的印尼人，都可以說具有藝術天賦。

　　峇里島還有一條藝術走廊Gianyar Arts Trail，在這條長不過十公里的公路走廊上，散布著各種不同藝術造詣的村民所居住的村

▲ 峇里島的特色─睡蓮

落：有些村落是以製作銀器有名、有些是以木雕取勝、有些村落卻以石雕著稱、還有些村落是以金飾品吸引遊人。

　　然而峇里島的藝術家也面臨青黃不接的危機，特別是白柚木雕塑的老師博。他們因為眼力使用過度而不能再勤於雕刻，但後繼無人。目前的白柚木雕精品都是老師傅在年輕時的作品，現已不復見。老一代藝術家的凋零但又苦於後繼無人，都是未開發或開發中國家的通病。如何立法保護國寶級的藝術家和培植有希望一代的繼承人，應是各國政府當務之急，也是觀光地理中重要的一章。

三、政治紛擾扼殺觀光

　　上文提到，蘇哈托總統在二○○○年五月間因政潮不斷和社會各階層走上街頭示威，使得印尼陷入無政府狀態而辭職下台。副總統哈比比臨危受命，繼承元首。他答應印尼回教和社會大眾，在兩年內舉行大選，以平民怨。可是，兩年後的大選的結果，不但不能解決問題，反而使印尼深陷經濟衰退的泥沼。於是，由國會選出來的總統瓦希德又被國會罷免，副總統瑪嘉華成為印尼有史以來的第一個女領導人。

　　在觀光地理中有一條金科玉律：穩定加安全等於觀光金元。從來沒有聽說和看到一個動盪不安的國家，是會受到觀光客光顧的。瑪嘉華蒂上任後，全國烽煙四起，有些少數民族要求獨立或自治；有些起於宗教的衝突，卻因為政府無力保護弱勢宗教自由而要出走；天然氣豐沛的亞齊省，因不滿財源被中央政府壟斷而要求自治。諸如此類的動亂，此起彼落。中央政府忙於四處救火，又那有能力來照顧觀光？來挽救觀光？

　　自從九一一事件後，印尼國內的激進回教基本教義派，也蠢蠢欲動，目的是希望把印尼變成一個類似阿富汗神學士的激進政府。由於瑪嘉華蒂屬印度教，因而她在處理回教激進份子惹事生非問題上，顯現出綁手綁腳的無力感。美國出兵阿富汗，將神學士政權摧毀，卻為親西方的回教國家帶來了恐怖份子攻擊的不安。峇里島遭回教恐怖份子攻擊，數百名觀光客不是死於爆炸，就是受到爆炸物的傷害。恐怖份子攻擊峇里島，讓印尼最後的一塊觀光淨土，被血腥污染。

　　印尼，它和菲律賓一樣，都曾是以觀光取勝的國家，但是，終

於毀在主政者和奉以民粹主義的暴民上。若想要恢復以往風華的面目，恐怕是「再回頭，已是百年身了！」

印尼的恐怖爆炸案

在震驚全球的「九一一」美國本土遭恐怖攻擊事件三周年的前兩天，印尼首都雅加達市中心的澳洲大使館大門前四公尺處，上午發生一起威力強大的汽車炸彈攻擊事件，共炸死至少九人、炸傷近二百人。印尼警方已將爆炸調查矛頭指向與「基地」恐怖組織掛鈎的「回教祈禱團」。

由於印尼即將在二○○四年八月二十日舉行總統大選第二回合投票，這次爆炸在時機上並非全然巧合。

現場方圓十五公里內都聽得到爆炸聲，此次爆炸將路旁許多汽車、摩托車炸得扭曲變形，並震碎附近多棟大樓窗戶，而使館的強化結構大門及警衛哨更被夷為平地。所幸使館建築本身四周都有高聳的安全圍籬重重保護，館內並無人傷亡。

由於爆炸地點就在使館大門外四公尺，在伊拉克戰場上一直大力支持美國的澳洲又即將舉行大選，顯示極可能由回教激進團體發動的這次恐怖攻擊，正如澳洲外長唐納所言，顯然是針對該國而來。

澳洲這次大選，保守黨政府在伊拉克戰事及政策上一直強列支持美國的立場，也是重大選舉議題。雖然總理霍華德辯稱，出兵伊拉克並未使澳洲更易成為恐怖組織攻擊目標，但反對黨工黨卻反駁這種說法。事實上，這次爆炸之前不久，美、澳兩國當局曾警告，恐怖份子可能再度襲擊印尼，要兩國公民盡量避免外資經營的旅館。

爆炸發生之後，印尼警方立即將矛頭指向在東南亞一帶出沒的

「回教祈禱團」恐怖組織。跟賓拉登領導的「基地」全球恐怖組織掛鈎的這個團體，以往曾在印尼犯下數起大規模恐怖攻擊，包括二〇〇三年八月五日造成十二人死亡的雅加達萬豪酒店汽車炸彈爆炸案，以及二〇〇二年十月十二日造成兩百零二人死亡的峇里島兩家夜總會爆炸案，死者中八十八人為澳洲遊客。

被炸的澳洲使館位於雅加達古寧安區，跟萬豪酒店在地理位置上相距不遠。古寧安區內有許多外國使館、商業大樓及購物中心。爆炸過後，屍體、燃燒中的破片及血淋淋的破碎肢體佈滿了館外的六線大道。爆炸地點地上炸出一個大坑，連一旁警用卡車也炸的支離破碎，而使館安全圍籬也破了個約十五公尺寬的缺口。

印尼警察總長戴峇迪阿爾表示，發生在上午十點十五分的這次爆炸案，手法跟過去幾次類似。他指出，犯案的可能是原籍馬來西亞，目前被通緝在逃的「回教祈禱團」極端份子阿斯哈利博士。此人是工程師、大學教授，在化學及製造炸彈方面有專長，是前幾次攻擊事件的主嫌。另一嫌犯也是在逃的回教激進份子努爾丁。總長表示，他確信兩人都還在印尼境內。

警方確認，這是一起汽車炸彈攻擊事件，但犯案車內爆炸當時是否有人目前不清楚，死者當中有四名是駐守使館的印尼警察，傷者中包括十幾名僅受輕傷的澳洲人及四名中國大陸工人。

政府官員表示，爆炸當時總統梅嘉娃蒂正在鄰國汶萊參加該國皇室婚禮，但獲悉不幸事件後已縮短行程提早返國，並立即趕往現場視察。同時，澳洲外長唐納所率領一個由該國情治單位首長組成的九人調查團，已飛抵雅加達。印、澳當局在事件發生後，除同聲譴責暴力外，也重申不向恐怖主義低頭的決心。印尼警方並保證，二十日總統大選投票將順利舉行。

第二節 新加坡－觀光地理中的一顆珍珠

一、地理與人口

新加坡是亞細安十個成員國（汶萊、柬埔寨、印尼、寮國、馬來西亞、緬甸、菲律賓、新加坡、泰國、越南）中面積最小的一個。印尼前總統哈比比曾和記者打趣說，若從人造衛星所拍攝的地圖來看，新加坡只不過是一顆小紅點而已。不過，新加坡人卻不因地小而變得志短，若從觀光地理的角度來看，新加坡卻是一顆耀眼的珍珠。

新加坡地處馬來半島最南端，與柔佛州首府新山只有一橋之隔。土地面積五百八十一平方公里，人口三百萬（註：其中約五十萬是持永久居留或工作居留證之外籍人士），但是不要小覷這個彈丸之地的小國，其觀光策略和發展，並不輸給世界大國。世界上不少大國派員來新加坡取經，學習它的觀光發展策略。

二、觀光戰略

新加坡的觀光發展能有超水準演出而且能歷久不衰，不得不歸功於持續性的觀光戰略。從宏觀的戰爭略視野下，釐定一系列可行而不是好高騖遠的策略，茲說明如下：

Travel Tip

新加坡的區域醫療中心

走出SARS陰霾，新加坡政府在二〇〇四年四月十二日宣佈，將會把新加坡建設成區域醫療中心，全力對外招攬國外病患到新加坡就醫。印尼、馬來西亞、西亞回教國家及中國大陸、香港和台灣等國家病患都是其目標市場。並預計在二〇一二年時，每年招攬一百萬國際病患到新加坡就醫。

早在一九九〇年代中期，新加坡就有計劃地把該國發展成醫療觀光中心，一座全新設備的醫療中心與新加坡旅遊局新廈毗鄰而立。可是，一九九七年發生亞洲金融風暴，泰國和印尼受創最深，因而也拖延了星國醫療觀光中心成立的計劃。

二〇〇二年年底，新加坡政府的醫療大廈正式落成，本來準備在次年春天開始對外宣佈這項宏觀的醫療觀光計劃，不幸的是二〇〇三年，爆發了全球震驚的SARS疫情，醫療觀光計劃再度被迫延後。

二〇〇四年四月，新加政府終於正式對外宣佈區域醫療中心成立，而與其配套的相關遊和購物行程，也隨之一一付諸實現。

看來，世界最小的觀光大國，的確實至名歸。

(一)觀光簽證

若要吸引國際旅遊人士來星觀光，簽證問題必須先行解決，否則再好的賣點，也不容易吸引大量的觀光客。一九七二年，當時內閣總理李光耀先生宣布對發展觀光作了重大的政策性宣示，給予對其發展觀光有利的國家的人民落地簽證，甚至免簽證的優惠，中華

民國是其中之一。新加坡政府也沒有要求對等，為自己解開了死結。這項明智決策，為新加坡觀光市場注入了一記強心針，為往後的發展開了一條康莊大道。

(二)會議中心

國際會議是觀光推廣的重點，爭取國際會議在新加坡召開，從一九七二年開始，就變成一條永續經營的路線。二十世紀的最後二十年，全球經濟持續穩定繁榮，國際會議也變成時尚。會議加上會前、會後的觀光項目，也直接把國內旅遊事業帶動起來。為了配合招攬國際會議在加坡召開的宣示，新加坡成立國際會議中心，直屬於新加坡旅遊局，負責國內外的國際旅遊會議事宜。而新加坡政府也撥出專門款項，籌建大型會議中心，培養同步口譯專才，積極招攬國際會議來星舉行，並給予最大優惠待遇。凡此種種，都為日後爭取國際會議市場，奠定了良好的基礎。

根據新加坡旅遊局統計數字，以二○○○年　整年計算，每天都有國際會議在新加坡召開，甚至一天內有好幾個國際會議同時舉行，會議中心打贏了首仗，為國內旅館業開創無數個春天。

(三)購物中心

新加坡了解，在制訂購物中心策略時，一定要找一個最佳對手，才能夠有好壞之別，因此，新加坡視香港為競爭對象，在設立購物中心之前，分別派考察團到香港參觀。除了了解香港好的一面之外，亦注意其負面印象。當新加坡在建造購物中心之初，他們發現，由於天氣與香港迴異，因而在選購展示品時，就要和香港不一樣。再者，服務態度也決定了顧客購物的意願，語言的要求也是決定購物中心成敗因素之一。新加坡的物品，先是以東南亞一帶購物

者為主，以地利的優越條件，拉攏原先要到香港購物的東南亞顧客，然後再利用航班和機場的優勢，搶走了歐美旅客。諸如此類的發展，讓新加坡逐步取代了香港購物天堂的地位。

(四)休閒中心

　　新加坡因先天受到土地面積的限制，無法建立規模龐大的休閒中心；但是，卻利用小而美的策略，來爭取另一類的國際休閒人士。新加坡的五星級國際觀光旅館內的休閒設施都是具有國際水準的。新加坡雖是彈丸之地，但利用海埔新生地建了不少高爾夫球場，吸引休閒族群。

　　新加坡和印尼政府發展雙邊旅遊協定，協助印尼靠近新加坡的兩個大島即民丹島和巴潭島，設立休閒度假旅館，使它們成為新加坡的兩個輔角。這套戰略三角聯盟，讓新加坡增添旅遊休閒多重選樣，是一項非常成功的策略。

(五)美食中心

　　新加坡地處南洋，在吃的方面為一個多元文化的展示場；但是，精緻的美食，遠遠不及香港。一九八〇年代中葉，隨著香港回歸中國大陸日近，新加坡政府制訂了一套爭取香港中餐名廚辦法，並發給他們移民工作簽證及優厚條件，讓他們安心來新加坡工作，提升新加坡的中餐水準。除此之外，還聘請法國及義大利的名廚來新加坡展示廚藝，並設立烹調學校，有系統地移入歐式餐飲。為了吸引國際餐飲業重視新加坡市場，每年舉辦國際美食大賽和國際食品大展，將新加坡推入國際美食的舞台。

(六)持續建設

　　新加坡政府了解，要維持新加坡的國際觀光地位，不斷的建設和投資，是絕對有其必要的。當李光耀宣示要提升新加坡國際觀光地位後，新加坡政府立刻從修法和立法兩方面著手，使投資者有了投資的法源，往後就不會因「於法無據」阻斷投資者的意願；或者是因怕圖利他人而讓公務人員保守而不進取。

　　以新加坡觀光建設而言，接連聖淘沙島和新加坡本島的空中纜車，開啟了觀光建設重大工程的第一步。往後無限上綱的建設，陸續出現。就以聖淘沙島而言，一個只有長十一公里，寬五公里的小島，就有二個世界級的高爾夫球場、二個五星級的觀光旅館、一座蠟像館、蝴蝶園、海底水族館、亞洲村、音樂噴泉、主題公園及魚尾獅身塔等等，每個景點都值得一而再，再而三去觀賞。

　　一九九五年，可以說是新加坡觀光建設又向前邁進一大步。是年五月，世界第一間夜間野生動物園和世人見面。野生動物園占地四十畝，建立在於新加坡最大之一的次雨林區，雖與日間動物園相鄰，但展出的動物絕大多數都不一樣。夜間動物園共分八個景觀區，有喜馬拉雅山麓、尼泊爾河谷、印度次大陸、赤道非洲、印尼馬來西亞區、亞洲雨林區、南美大草原和緬甸山坡地。從全世界蒐集到九十多種近一千頭動物，按原產地的生態環境分布在這八個園區內。園內除了溫馴的動物和鹿群可以自由活動外，其餘野獸都有安全距離相隔，遊人不必害怕牠們會飛撲過來。新加坡夜間野動物園提供了欣賞新加坡月夜風華的另一個好去處，參觀也是一種益智的享受。

(七)中遠期計劃與投資

　　因為新加坡政府對觀光事業要維持不斷的投資，和不斷的建設，因此中期和遠期的計劃就要特別精密和有前瞻性。當新加坡樟宜國際機場第二航管大廈在一九九〇年十二月正式啟用時，第三航管大廈的建設藍圖已經完成，第四航管大廈的初步構造正式開始評估，航空業是新加坡觀光的生命線。

　　西元一九九五年，新加坡政府召開了一個名為西元二千年及其後的觀光策略遠景國際會議，特別邀請國際級的觀光旅遊界泰斗、航空界巨亨、工商界知名人士等等，前來新加坡，為新加坡在下個世紀的觀光策略遠景定位，並為中期計劃提出建言。會議一共三天，會後的紀錄成為新加坡政府二十一世紀觀光政策白皮書。一九九五到二〇〇〇間的中期發展計劃，也是採納了專家的建言，其中最名有的是，在聖淘沙島興建遊艇中心及休憩別墅，讓觀光旅遊人士有更多的時間。充份享受新加坡的海上風光。

　　新加坡沒有天然的觀光資源，但他有一個有效率和遠見的觀光推展團隊，加上政府的全力支持，使得這個小紅點變成一顆耀眼的珍珠。成功的原因，推究為「效率、遠見、支持」六字。很多國家都不斷到新加坡取經，不過，成功的實例不多，主因不外是沒有參透上述六字的玄機。

Travel Tip

新加坡風味餐

　　新加坡是一個多元化社會，吃，自然也是多元化。除了西餐之外，最具傳統文化特色的莫過於印度咖哩魚頭、馬來烤沙嗲和華族的肉骨茶、海南雞飯。

　　提到印度菜，吃客的第一個反應就是辣。其實，印度菜分南北兩大宗系：南宗印度菜以辣和素菜有名；北宗印度菜則用精緻和微辣來吸引人。在新加坡，南宗印度菜是以咖哩魚頭而有名，若要嚐鮮的話，不妨到小印度村的「香蕉葉餐室」品嚐一下咖哩魚頭的滋味。這家餐室的規模有若台北一般的餐館，之所以用香蕉葉取名，主因是用香蕉葉取代盆、碗。當客人坐定之後，印度籍的服務生就會在客人餐桌上擺上一大張香蕉葉，以及一付刀叉（註：印度籍客人則免）。隨後，聞名獅城的咖哩魚頭隨著印度小菜和辣的脆薄餅一起端上來置於香蕉葉上。如果一個魚頭不夠的話，還可以加點咖哩雞和咖哩羊肉。菜上了之後，客人就將白米飯和菜拌起來吃。由於咖哩魚頭過辣，客人多用冰啤酒或新鮮冰檸檬汁解辣。客人雖身處冷氣房，但仍然是辣得汗如雨下。儘管如此，還是會大呼過癮！

　　在新加坡吃馬來沙嗲的最好地點是「沙嗲大排檔」。每當夜幕低垂，「沙嗲大排檔」便擠滿了人，有些席地而坐，有些坐在木椅上，一邊吃沙嗲，一邊喝著冰啤酒，別具風格。馬來沙嗲分羊肉、雞肉和牛肉，沙嗲醬是用磨好的花生細粒和特殊醬料煮成，味道絕佳。非目前市面上的一般沙嗲醬可比擬。

　　到新加坡觀光，一定要去品嚐海南雞飯和肉骨茶。因為這是傳統的華族「名菜」，其它地方是不容易吃到的。即使吃得到，口味也不見得道地。

　　新加坡的海南雞飯，要以老字號的瑞記海南雞飯最為有名。其叫座的原因是因為有祖傳的煮法秘方，飯不但香噴噴，最難得的是，雞肉鮮嫩，而且沾料也特別。如果不怕膽固醇過高的話，最好連皮一起吃，保證過癮。

　　同樣也是華族「名菜」的肉骨茶，其煮法是：一塊塊大排骨和中藥材一起煮，而且至少要用微火燉上四個小時。換言之，一鍋肉骨茶要從子夜開始煮，清晨即可上市。吃肉骨茶都是在早上六點左右，過了八點，肉骨茶店就收攤了！到新加坡吃肉骨茶，最好到中國城一帶的老字號，或者是東海岸路的加東小吃攤。其它地方雖然可以吃到，但不見得道地！

 # 第五章　越柬寮三國與緬甸

第一節　越南、柬埔寨、寮國－社會主義三邦

一、開放觀光的沿革

　　自從中南半島三個社會主義國家，越南、寮國和高棉（現稱柬埔寨）於九〇年代相繼獲准加入東南亞國協而正式成為會員國後，發展觀光隨即成為這三國的時尚，從政府到社會大眾，都期盼觀光金元像流水般注入他們的國庫。

　　在東南亞國協的組織章程中，有一項是每年定期召開一次觀光部長級會議，共同研議發展合作計劃，並解決合作過程中所面臨的困擾。因為這是一個共同機制，會員國都熱衷參與，越、柬、寮三個社會主義國家也不例外。

　　越、柬、寮三國在加入東協之初，對如何發展觀光完全是外行。而且，對開放觀光簽證這個首要課題都不敢去正視，因為承襲了共產主義嚴控的教條，先天上就和開放相牴觸。由於東協規定，會員國之間人民的來往，都是不需要簽證的。越、柬、寮在會員國正式通過納入為會員之後，給予會員國之間的免簽證的義務，自然非遵守不可，久而久之，他們也給予會員國之間的免簽證的義務。自由世界國家並非洪水猛獸那樣可怕，更何況是誘人的觀光金元非透過開放這一關而不能賺取，政治的關卡撤離，金元也從會員國流入。隨後，此三國也學會發給非會員國旅遊人士觀光簽證，觀光客源源不斷湧入，活絡了他們的觀光市場。封閉了將近三十年的神秘

面紗終於掀開，也讓世人驚嘆，原來這三個國家蘊藏了許多的觀光資源。

二、觀光地理的角色

現在分別談談這三個社會主義國家在觀光地理上所扮演的角色。

(一)越南

越戰在一九七五年四月三十日結束，南北兩越的正式統一，資本主義的南越因而在觀光地理中消失，代之而起的是共黨越南。在共黨統治下，自然毫無觀光可言。

越南在柯林頓主政時代和美國恢復正式外交關係，雙方化敵為友。美國駐越南大使館從以前的西貢改遷到河內，美國大使的進駐，多少為河內增加一點生氣。越戰時代的美國大兵，也帶著憑弔古戰場的心情回訪越南；當年逃離越共統治的海上越南難民，也紛紛由海外回到故國，開始恢復他們以往的舊業，觀光旅遊至此變成興旺的事業。

南越的人比較懂得經營觀光，昔日的舊戰場，現已成為觀光的新賣點，而最受歡迎的，莫過於離西貢約九十公里的坑道，又名古芝壕溝。這個當年越共出沒的古芝壕溝，其面積之廣，有若一個地下大城。坑道四通八道，很多出口都是在西貢市區內，其中有一個出口，甚至離阮文紹時代的總統府不遠，而且直到西貢淪陷時才被發現。

越南的首都河內，就好像是一座失樂園，越戰期間，河內連番受到美軍日夜轟炸，再也不是一個深具法國特色的美麗城市。去河

內訪問的人，只能從斷垣殘壁和褪色的古老建築物中，尋找昔日法國殖民地時代留下的點點滴滴。然後再把它交織成一片彩色畫板，從畫板中追憶囊昔的繁華。

不過，河內還是有值得去一遊的地方，其中最主要的景點，就是距離河內車程約八小時的夏龍灣。在觀光地理中，夏龍灣是屬世界「第八奇景」的世界級旅遊奇景。夏龍灣面積有五百英畝，各種奇石完全出自海底，是中國桂林陽朔風景的放大版，但其氣勢遼闊，遠超過陽朔千倍。根據地質學家考證，億萬年前，夏龍灣是一塊山巒起伏的陸地，由於地質改變，山巒遭海水淹沒，只留下山峰突出在海面上。其氣勢之壯觀，由是可知。

目前從事觀光旅遊的越南人士常說，還好當年北越沒有海軍，否則夏龍灣也難逃B52轟炸之危。陸地上的建築物被炸後還可以重建，自然景觀，一旦被毀之後，再也無法復原。

在河內，可以看到有流傳千年之久的水木偶戲，這項獨特的特殊民俗文化是法國不能同化、美國不能炸掉及越共胡志明無法禁止的藝術表演，是越南文化的精髓所在。法國記者對水木偶表演，有這麼一段形容：「水木偶的操作，已達超凡入聖之境。看過它們的演出後，讓人直覺的反應是，一股神奇的力量，在幕後操縱著。」它為越南的觀光地理加了幾點正分。

Travel Tip

越南美食

越南吃的文化在中南半島三國中，算是頂級的了。越戰還沒有爆發前，河內仍受法國統治，它的建築，是依照殖民地時代的構想規劃。街道兩旁，長滿了梧桐樹。奶色的牆配上橘紅色瓦，大小住宅內

長滿了花,的確是小城的翻版。可惜的是,越戰將浪漫的色調摧殘殆盡。河內再也不是一個美麗的城鎮。

今日的河內美食,仍然是以法國菜為主流。附設在五星級旅館內的餐館,提供可口的西餐;不過,在河內市內有一獨立餐館,名叫雄雞(Le Coq),以專門提供法國美酒、美食為號召。駐節在河內各國使館人員,常在那兒請客。

一九九五年,筆者隨新加坡的「亞太旅遊協會」(PATA)新加坡分會應邀至越南參觀訪問。在河內停留的最後一夜,越南觀光部長杜光中設宴送行,其中有一道菜,至今難忘,那就是「全椰燉春雞」。它是把一隻小雞放在整個椰子內用慢火燉,越南的椰子清香味美,椰肉、椰汁和春雞一起用慢火微炊數小時,然後上桌食用。食用之前,客人把椰殼的蓋子掀開時,一股清香美味的香氣即沁入心田,真讓人一吃不忘。越南觀光部長對客人說:「現在越南要發展觀光,飲食是最重要的一環,它好比是火車頭,帶頭開創新局面。因此,我們要挖空心思在飲食方面吸引外來的觀光客。」

筆者和團員們在回程時還津津樂道「全椰燉春雞」這道美味可口的好菜。大家都相信,越南的飲食,很快就會在觀光地理中佔一席地位。

(二)內陸國寮國

在中南半島三個社會主義國家中,寮國是一個最閉鎖的內陸。它位泰國、中國、越南及柬埔寨交界;和越南的國界,幾乎是以湄公河為界。湄公河的上游是中國的怒江,當它從雲南流到中南半島之後,就更名為湄公河,從南越南出口,進入南海。南越南和柬埔寨分享了湄公河三角洲的肥沃土地,是一肥沃的魚米之鄉,然而寮

國並沒有享受到湄公河帶來的好處。

寮國也是一個文化古國，現在的首都永珍（Vietiane）到處佛教寺廟林立，而最大的佛國寺，也是歷代寮國國君膜拜的聖寺。寺廟由內到外，所有牆壁和佛像，都塗上了一層金色的純金。而主寺內的大佛，是用純金打造的。

雖然寮國未受到中南半島的戰火波及，然而不幸的是，六〇年代的寮國首相傳瑪親王，卻和他信奉社會主義的同父異母弟弟不和，同室操戈的結果，也讓寮國陷入了二十多年的內戰，以致民不聊生，觀光自然談不上了。等到越戰結束，寮國內戰停止下來，社會主義的政黨把寮國王室廢掉，寮國也變成一個不折不扣的社會主義國家。

目前去寮國觀光，只有先朝遺留下來的寺廟和佛像雕刻值得一看。在永珍郊外，有不少山林寺廟，裡面的佛像石雕，雄偉至極，由於皆位在山林裡，未受到人為的破壞。但是長年的內戰，當老百姓的三餐都無以為繼的時候，他們獻給寺廟的香火錢，自然愈來愈少。有些寺廟因而荒廢；有些寺廟內的具有歷史價值的文物寶藏，也被不肖僧侶偷出來盜賣，甚為可惜。

寮國古都鑾巴拉邦（Louang Phranbang），是個值得一提的古城。儘管傳瑪兄弟不和，兵戎相見，但他們都不願意破壞皇城，對虛位國王也禮敬有加，古都文物得以保留。古都內保留不少完整的古蹟和古文物，具有上千年的歷史。

永珍郊外建造了一個在三河交匯處的大水壩，它是由聯合國出資興建，是早年聯合國整治湄公河水患的計劃之一，約在八〇年代完成。水壩興建完成後，三個河谷都被淹沒，只有山峰峻嶺沒有滅頂，但卻成為一個人為的自然景觀，可以說是寮國的千島湖，但其氣勢，要比中國的千島湖大多了。

▲ 寮國首都永珍的佛國寺

▲ 寮國有千年歷史的古洞佛像雕塑

　　現在寮國也在講求觀光，且經常派員前往先進的東盟國家取經。新加坡是寮國選擇的第一順位，再過十年，寮國也會躍上觀光舞台。

Travel Tip

寮國機場一隅

　　二〇〇四年十月底，東協十加一會議在寮國首府永珍舉行。會後十加一宣佈在二〇一〇年建立自由貿易發展區，其中觀光是最重要的一環。永珍，一個鎖國的首都，因適逢其會，在一夜之間走上了國際舞台。

　　寮國政府為了迎合十年一次的國際大盛會，在準備期間，大興土木，開闢道路，擴建機場及建造五星級旅館，希望利用這次機會達到免費宣傳，藉著大量國際曝光的機會，為日後的觀光開創商機。

　　一九九六年四月，筆者利用前往泰國出席亞太旅遊協會年會的機會，會後曾前往永珍和寮國其它地方觀光。一九九六年的永珍，才剛剛開啟觀光之鑰，一切都還沒有上軌道。其中最讓作者驚訝的是，出境手續辦完後，離開出境室走向登機門前，在一段三十公尺的走道，就在登機門前，有三名穿著軍警制服的人，公開向每一位國外旅客收取三十元美金，名目為擴建機場之用。在這種情況下，有誰不願「樂捐」？因為是沒有收據的，大家都只好稱之為樂捐！

　　希望在二〇〇四年東協十加一的會議過後，留存在寮國的墮落觀光文化能徹底消除掉。

(三)柬埔寨的悲哀

　　越戰之初,由西哈諾親王領導的政府,本來是中間偏右的,但他沒有配合美軍切斷胡志明小徑的政策,於是美國扶植軍方親美勢力將西哈諾親王推翻,而成立一個和越南阮文紹一樣的親西方民選政府。爲了保護胡志明小徑通暢,越共也扶植了赤柬軍而發動所謂民族主義聖戰,目的是要推翻親美的帝國主義走狗傀儡,高棉內戰由是展開。越共攻陷西貢後不久,赤柬軍也占領高棉首都金邊,改國號爲柬埔寨,一場史無前例的血腥屠殺由是展開,而且長達二十年之久,柬埔寨也陷於萬劫不復之地。隨後韓森的親越勢力興起,又和赤柬軍發生內戰,最後經過聯合國調處,柬埔寨內戰才正式結束,但是內戰卻長達二十五年之久。沒有一個國家能經得起二十餘載的內戰,柬埔寨等自不例外。

　　目前柬埔寨也參加東協了,但是要談觀光,還有一段漫長之路要走,可以說是中南半島三邦中,最可悲的國家。

　　中南半島三邦如若從現在開始,步入政通人和的有秩序政治,歷經十年時間,或許可以成爲觀光地理中的有潛能發展的觀光市場,但若不能同舟共濟,內戰再起或政潮不斷,說不定永遠無法論及觀光發展。

第二節　緬甸－東協會員國的「外星人」

一、觀光發展

　　緬甸從一九四六年到二○○四年間，好像是在觀光地理中消失的一個星球；從宇溫獨裁政府當政到一連串的獨裁軍政府掌控，這半個世紀裡，緬甸人不知道甚麼叫觀光，而外界人士也不知道如何進入緬甸觀光！它完全與世界隔絕。人們從新聞中所得到緬甸的新聞，都是和軍政府如何監禁民權鬥士翁山蘇姬有關。

　　一九九○年代末葉，緬甸政府透過東協會員國秘書處，想申請進入東協。它原本的如意算盤是和越南、柬埔寨及寮國一起加入，整批交易可以減少東協壓力。不過，歐盟對該國提出意見，它們認為翁山蘇姬的問題沒有解決前，東協不應接受緬甸的申請。到了二○○一年，緬甸才正式加入東協，成為它的第十個會員國。

　　緬甸的正式入會，觀光事業也隨著一絲開放的光亮而燃起生機。其實緬甸是一個古國，觀光資源特別豐富，光以佛教寺廟而言，絕不下於其鄰近的泰國。例如，緬甸古都Pagan就贏得「千佛寺之城」（A City of Thousand Temples）的聖譽。遊人從山路上往下觀望，一座又一座莊嚴的佛寺座落在平靜的平原上，當日落之時，梵唱和鐘聲此起彼落，太陽的餘輝反映到佛寺的金色牆壁，其所產生的閃亮的萬道金光，有如佛駕親臨，崇敬之心，油然而生。

　　緬甸讓軍政府統治了半個世紀，雖然對觀光沒有積極的貢獻，但在消極方面而言，沒有破壞由祖先留下來寶貴的宗教、文化和自

然景觀的遺產。若將緬甸和柬埔寨相比,前者好上幾百倍。到了加盟東協之後,緬甸還將有不少觀光資源陸續呈現出來。

二、觀光資源

(一)宗教景點

在緬甸首都仰光,就有世界最大佛骨塔-施維·達公塔(Shwe Dagon Pagoda),相傳西元六百年前最後一位佛祖的舍利子就是藏在施維·達公塔內。施維·達公佛塔高一○○公尺,從上到下,全部漆滿黃金。在寶塔的頂點,有一個屬國寶級的空心圓球,裡面藏了四千顆鑽石,其中還有一顆重達七十六克拉的大鑽石。清晨或黃昏,太陽照在寶塔上所反射出來的金色光芒,人們稱之為「金字塔之火」(A Pyramid of Fire)。遊人進入仰光時,目光就會被施維·達公塔的萬丈光芒所吸引往,久久不能轉移。英國文學家吉卜寧(Rudyard Kipling)在一八八○年代,曾有這麼一段文字來形容施維·達公塔的神奇之處:「這個神秘的佛塔從水平線上突然升起,它從太陽光線所反映出來的形狀,讓人覺得它既不像清真寺的圓頂,也不像印度教廟宇的頂尖。」施維·達公塔的周圍,還有不少的比它矮了一截的寶塔相圍,若然沒有小型的寶塔相襯,就顯不出其本身雄偉之處了。

緬甸人信佛,不管是窮、是富,都會把積蓄奉獻給佛寺,親身買金紙往佛寺或佛像貼,讓佛的金身,永不褪色。因此,到緬甸參觀佛寺時,都會吸引善男信女們不斷在上述地方貼金紙,讓佛身永遠保持寶相莊嚴的金身。

距離仰光不遠的皮古城(Pegu)有一座斜臥的佛像(Recline

▲ 水中倒影看仰光的施維·達公塔更具吸引力

Buddha），七十八公尺長，十七公尺高，緬甸人說，它是世界上最
大的臥佛了。距離皮古城不遠吉陶縣山區內，有一座吉諦佛塔，在
佛塔外有一大塊半懸空的巨石，若即若離和另一塊石頭相靠而出
名。不相信兩石並沒有相連的人，還可以用一根細繩從兩邊橫切而
過，以證明所說非偽。為什麼會有這種奇景出現呢？當地人士有兩
個極其迥異的說法：一說是石頭來自太空，太空的吸力把它吸住，
讓它不會滾下去；另一說法則是石頭是來自佛祖的顯靈，讓人看到
奇景之後，要去潛心向佛。不管那一種說法，都無法解釋這種自然
界的異象。吉諦佛塔在榜郎山內，從仰光開車去要一天車程，最好
是在吉諦佛塔附近的民宿借住一夜，到了夜晚或清晨，還可以欣賞
萬物俱寂時的梵音和鐘聲，感受暮鼓晨鐘的情境。

▲ 緬甸吉諦佛塔外的懸石

(二)曼德里的寶石

　　緬甸中原的曼德里城（Mandalay）極為有名，在緬甸的歷史中，地位極為重要。從仰光到曼德里城有兩條路可以走，一是旱路，一是水陸。當緬甸還是英國的殖民地時代，英國人建造了一些豪華江輪，從仰光逆水而上，不但可以欣賞兩岸風光，乘船也是一種享受。緬甸加入東協後，積極致力於建設，首先在曼德里建造了一個現代化機場，設備要比仰光國際機優良好幾倍，因此，從國外到曼德里觀光要比從仰光更加方便。從仰光去曼城是國內航線，飛機機型老舊，因此，遊客前往觀光都繞道仰光而行，對後者而言，是一種損失。目前東協國家均協助緬甸發展觀光，相信這個技術上的問題，很快可迎刃而解。

曼德里不但景觀美，單是從河岸往舊的皇宮治山上行，就必需先經過一段險隘。這條往日的皇城防線，現在變成一條觀光要道。今日的曼德里除了觀光之外，還可以去選購紅寶石、翡翠、祖母綠和藍寶等。緬甸軍政府在一九九五年通過寶石自由買賣法，允許企業家開礦，因此一旦到了曼德里城之後，就可以買到極品。

緬甸是全球寶石出產地，四年前發現一塊世界最大的玉石，這塊玉石長二十一公尺，寬四點八公尺，高度達十點五公尺，總重量三千噸。由於它的體積太大，不宜運送到仰光展覽，緬甸軍政府決定在寶石出土的地方建造一座博物館，專門為向世人展示這塊龐大玉石之用。緬甸新聞報導說，這座地下玉石博物館是世界首創。等到日後開放提供外人觀光時，它將令緬甸的觀光展開新的一頁。

(三)國際旅館

目前仰光市內的國際五星級旅館屈指可數，其中有幾間還是五十年前英國人留下的旅店，歷經五十年之後，各式客房又再度妝扮起來，走入服務行列，而各舊旅館內荒蕪已久的花園，也紛紛種起鮮花，讓旅客們在吃早點或喝下午茶時，遠眺園景，增加情調。英國當年建造的旅館極具規模，且使用的都是上等木料，緬甸以出產柚木（Teak）而聞名世界，即使五十年不用，一旦重新裝潢起來，也可以列入四至五星級旅館。

(四)飲食文化

說起緬甸的飲食文化，應說是觀光資源中最弱的一環。各大觀光旅館均以提供西餐為主，但要能進入一流水準，恐怕還有一段漫長的路要走。緬甸人喜歡到路邊店鋪請客，吃的東西，和華裔料理近似。二○○一年十二月，筆者應邀訪問緬甸，有一晚到一家華裔

開的餐館吃晚飯,一進門就看到不少關在籠子裡的野生動物,唯獨沒有看到蛇,主人好奇問店東,往常不是有很多蛇,現在為何不見了。店東回答說,一方面是緬甸政府禁止捕捉巨蟒以為食用,另一方面是走私客將肥大的蛇私自出口到大陸牟利了。緬甸政府響應東協各國保護野生動物政策,先從禁止捕殺開始,算是遵從國際規則的開始。

　　緬甸的軍政府了解到發展觀光是最容易賺外匯的行業,有了東協各國的協助,例如東協會員國有觀光論壇(Tourist Forum),每年輪流由會員國作舉辦國,除了討論共同推展觀光和交換經驗之外,就是集體舉辦旅展,向外招攬買家。不久之後,在觀光地理中遺失許久的佛教古國,又將會回到原有的位置上,為推展觀光而獻出一己之力。

Travel Tip

展示世界最大玉石－緬甸將建地下博物館

緬甸已經開始在最北部卡欽邦動工興建地下博物館，以展示目前已知世界最大的玉石。這塊玉石長二十一公尺、寬四點八公尺，高度則達十點五公尺，總重量三千噸，是於四年前在卡欽邦帕坎地區地下十二公尺處發現。

這座地下博物館興建在發現玉石的現場，為的是要遷就這塊難以移動的巨大玉石。

這塊玉石係由緬甸百歐少數民族所經營的寶石公司挖出，然後捐贈給政府。百歐族過去是反政府的武裝團體，不過已經與政府談和。

卡欽邦的「七日新聞」在報導中指出，這座地下玉石博物館是世界首創，向下挖掘三十公尺興建，前述的巨大玉石仍然在當初發現時的深度展出。

緬甸是全球知名的寶石出產地，其他全世界最大寶石紀錄還包括：兩萬一千四百五十克拉的紅寶石、六萬三千克拉的藍寶星石、三百二十九克拉的橄欖石以及八百四十五克拉的珍珠。

為發展其寶石工業，緬甸在一九九五年通過實施寶石法，允許企業家開礦、生產、運送、銷售玉石成品，並與十家私人公司合作，開發寶石礦。

第六章　南亞和絲路古國

第一節　印度、尼泊爾、斯里蘭卡－南亞三國

　　南亞三國有擁有豐厚的文化歷史及雄偉的山川，如果是在太平盛世，這三國都應該會在觀光地理上占了一席地位。可惜的是，不同種族和宗教的衝突，把它們帶到了一個烽火連年的人間煉獄。觀光，也自然急速下降，其中以斯里蘭卡爲最。

一、印度

(一)多元面貌

　　印度是南亞三國的老大哥，給人的印象是，多元宗教和文化，但卻又不能相互包容的古國。它雖然承襲了英國的優良民主政治的傳統，成爲世界上最大的民主國家，但它也是世界上文盲最多的國家。文盲對民主政治的缺點多過優點，在印度的政治運作上表露無遺。

　　印度雖然是世界四大文明古國，但若翻開它的歷史，堪稱是一頁頁的異族入侵史。從最早居於伊朗裡海一帶的亞利安人入侵印度，到城邦王國林立時期征戰不斷，隨後有希臘人、帕西亞人、夏卡人入侵，直到西元四世紀眾多帝國出現，十三世紀又有回教徒南下印度，並建立強盛的蒙兀兒王朝，到了十九世紀又受英國人統治。上述的入侵者將其本身的文化爲印度注入新的元素，也融入印度，使印度在文化、建築和宗教上，呈現豐富的多元面貌。

多樣的異族宗教和文化進入印度，使得印度在人文采風、建築藝術和城市景觀上，呈現相互矛盾卻又和諧共存的奇特現象。很少國家像印度，仍舊存在著階級制度和極大的貧富差距，也難怪許多歷史名城如德里、阿克拉、捷布等新舊城的景觀展現全然不同的風貌。宛如兩個不同的世界，卻共同存在於印度。

其中值得一提的是，印度是許多宗教的發源地，包括印度教、佛教、錫克教、耆那教等源於印度。儘管佛教創設於印度，並成為亞洲地區國家重要的宗教信仰，但令人訝異的是，佛教卻消失於印度。不過，其它國家信奉佛教的信徒，也有終其一生到印度作一次朝聖之旅，走訪釋迦牟尼出生、成道、弘法到涅槃的四大佛跡以完成心願。除了朝聖之外，還可以來一趟豐富的景點之旅。

(二)自然人文資產

現在印度的首都新德里，顧名思義，是一座嶄新的西方式大城。但觀光客千萬不能錯過前往德里城一遊。十三世紀回教徒入侵印度，在德里建立了第一個回教政權，為德里留下了許多精彩的回教建築。德里早在中古時期曾經先後建過七個城鎮，為了防禦敵人入侵，因此就地取材以石頭建造城堡，並興建城牆保護，建城時間持續到十六世紀。而今在德里城區內，仍可見到殘存的城牆和城堡的遺跡。蒙兀兒王朝則為德里留下最多的印回風格建築，都是遊客到德里必訪的景點。

在印度許多雄偉的古建築物中，以建於十七世紀的泰姬瑪哈陵Taj Mahal最吸引人。這座位於阿格拉Agra的陵寢，完全使用白大理石建成，被譽為世界七大奇景之一，與中國長城相媲美，其雄偉壯闊，由此可見一斑。除此之外，位於Amristsar的黃金廟宇（Golden Temple），則完全是由黃金打造而成，是印度錫克教的聖殿。錫克

族是印度最富有的一族，觀其廟宇，自非無的放矢！

　　從觀光地理上來講，幅員遼闊的印度，觀光資源非常多元，自然與人文兼具，城市與鄉間風情也不同。遊客在欣賞古文化建築和宗教寺廟之餘，不妨到觀光城市或近郊鄉村，常可以看到傳統而又復古的雜耍技藝表演，像是吹蛇人，馴熊表演和野外的魔術演出等，也為這個古老的國度帶來奇特的時空錯置感覺。

▲ 泰姬瑪哈陵

亞 澳 紐 非 觀光地理

Travel Tip

美麗的泰姬瑪哈陵夜景

　　印度的泰姬瑪哈（The Taj Mahal）陵寢，是世界七大奇觀之一。它是印度蒙古王傑漢五世（Shah Jahan, 1828-1858）為紀念他心愛的王妃泰姬瑪哈而建，陵寢從一六三一年開始動工，一六五三年完工，整整花了二十年。陵寢完全使用白色的大理石砌成，而且形狀對稱，因而從外望去，有若一塊從地面垂直升起的雄偉建築。因為它是用大理石砌成，受到太陽光線的折射原理，它的顏色會隨著太陽的移動而轉變，特別是在月明之夜，更是顯得淒迷動人。在過去三百年來，它讓建築師們為之抓狂，因為他們始終找不到建構的巧門；它也讓文學家們絞盡腦汁，卻始終找不到最好的形容句子來描述它最動人之處；它讓攝影師們花費了成千上萬卷的底片，始終捕捉不到最滿意的鏡頭；它最讓情人們傷心，三百年來，情人們為它流下來的眼淚，可以匯集成一條愛的恆河。的確，泰姬瑪哈和傑漢五世的情緣，就是一部傳誦千古的偉大之愛。

　　泰姬瑪哈陵寢太過美麗動人，也一再引起偏激的恐怖份子破壞企圖，可能是愛神的眷顧，惡念始終無法實現。

　　西元一九八四年，印度政府為了避免錫克分離主義派份子發動攻擊，自是年開始，禁止旅客夜間參觀建於十七世紀的泰姬瑪哈陵寢。可是，印度最高法院於二〇〇四年十月二十山日翻案，裁決應該重新開放觀光，但每月只限五個月圓之夜，而且參觀的旅客人數限制在四百人之內。遊客晚上雖得以進入這座建築物的外牆，但必須在距離建築物約三百公尺的一座平台上遠望。

　　對二十年來想欣賞泰姬瑪哈陵寢的夜景，特別是月圓前後五天之內的柔美動人的遊客而言，他們的願望終於得償。雖然每月只有五夜，但總比沒有的好。

▲ 泰姬瑪哈王妃　　　　▲ 傑漢五世

二、尼泊爾

(一)賞雪景

　　到尼泊爾攀登喜瑪拉雅山是一件大事，它不是一般遊客所能辦到的。可是，到尼泊爾欣賞喜瑪拉雅山主峰的雄偉雪景，卻是一件容易辦到的事。喜瑪拉雅山共有八個土峰，只有　個位在巴基斯坦境內，另外七個全分佈在尼泊爾國境內。每年從十一月開始到次年三月，是登山的好季節，更是觀看喜瑪拉雅山主峰雪景的好季節。

　　尼泊爾首都加德滿都城附近，有一個非常有名的建築物，名叫「山間別墅」。各棟別墅在朝向喜瑪拉雅山的正面都建有一座陽台，

供人觀賞雄偉雪景。建築構造新穎、依山而蓋，每一座陽台都可以看到高聳天際的群峰。有時，看山比爬山還過癮。

尼泊爾還有一個地方看雪景的名城叫普卡拉（Pohkara）。普城有一間雙魚旅館，它建在普卡拉河中央綠洲上，旅客要坐木筏過去。如果是旱季去的話，坐在旅館的庭院中，就可以看到喜瑪拉雅山的魚尾峰。由於尼泊爾人信奉印度教，這座山峰是「聖地」，不可以攀登。碰到九、十月間到普城的話，看魚尾峰是碰運氣，運氣好的話，看它從雲層中出現，奇景嘆爲觀止；當雲層低垂的時候，人們根本不知道旅館前方不遠處會有直達天際的山峰。等到雲層慢慢散開，一座又一座的山峰才會出現在眼前，最後，要是天公作美，雲層散盡，魚尾峰才會出來。從山腳往上看，尖峰的確像一條魚尾。從加德滿都到普卡拉要搭乘飛機。當飛機衝破雲層而上升時，喜瑪拉雅山諸峰，會一座又一座出現。飛機從山峰腰際「擦過」，膽小的人會嚇出一身冷汗。

(二)古文物

在尼泊爾觀光地理課程中，參觀首都加德滿都及其附近的皇宮和寺廟建築，應該是不可或缺的一課。走進這些雄偉的建築內，就像是進入時光隧道。因爲每一棟建築，最少有三百年以上的歷史。不同的建築物，代表著每一朝代的風華。透過導遊的仔細講解，有如時光倒流，置身在過往的世代中，欣賞各朝代不同的文物與風采。

尼泊爾是一個文明古國，但有價值的歷史文物，不是在兵燹之難中遺失，就是被不肖的王室子孫運到國外變賣，本身反而一無所有。約在一九八〇年代，聯合國通過歷史文物保存條約。尼泊爾拜條約之賜，花了大筆外來經援，開始整修殘垣敗瓦，在盡可能的範

圍內，讓它恢復舊觀。失去的國家級珍品，也循線索追回；當然，成功機會不大。

　　尼泊爾目前兩大隱憂是，毛共游擊隊在尼泊爾國內，四處放火打劫，特別是在邊遠地區，更為猖獗。尼泊爾的毛共游擊隊，是世界碩果僅存，信奉毛澤東教條的土共，雖然中共一再表明彼毛共與本毛共沒有任何關連，也不給予直接或間接支持，但尼國毛共依然猖獗如昔。尼國另一隱憂是均貧，這大既和毛共游擊隊無法彌平有直接關連吧！

三、斯里蘭卡

(一)和平的時代—昔日的天堂

　　斯里蘭卡也就是昔日的錫蘭，它是以茶、優美風景和雄偉的佛教巨大寺廟以及紅、藍寶石及翠玉而聞名於世。可是，這個美麗之島如今卻陷入殘酷的內戰中，往日風華不在。

　　自古以來，斯里蘭卡人大部分信仰佛教，只是在十一世紀的時候，印度淡米爾族人由北向南入侵。他們越過巴爾克海峽（Palk Straits）而在傑夫納半島（Jaffna Penisula）建立以信奉印度教為主的政權，並把信奉佛教的錫蘭辛哈利族人趕到中部山區。辛哈利族人也就在中部山區建立了佛教王朝。

　　根據佛教信徒說，在中部南方高地亞當山峰上留有釋迦牟尼的腳印，但印度教信徒卻說腳印是印度教Siva先知的腳印，回教徒則認為腳印應是亞當的。雖然宗教說法各有不同，但這三個宗教教徒每年都會去向腳印膜拜，並且相安無事。

　　斯里蘭卡本來是亞洲國家中最富的國家，以首都可倫坡為名的

▲▼ 五百年歷史的尼泊爾古廟

可倫坡計劃，就是專門爲大英國協會員國培養人才的計劃，每年均有數以千計的國協學生，透過可倫坡計劃接受各種專職訓練，讓他們擁有一技之長，回到母國後再傳授給本國學子。斯里蘭卡在亞洲國家中，僅次於日本低度文盲的國家。

(二)衝突的時代—今日的煉獄

斯里蘭卡內的淡米爾人是少數民族，辛哈利族人占大多數，這兩族人都受到良好教育。在相安無事的時候，他們也處得非常融洽，可是宗教卻讓他們走上血腥衝突的無窮無止的路上。衝突主因是淡米爾族人認爲他是少數被壓迫的民族，他們要求在傑夫納半島上建立獨立國家。淡米爾人獨立的念頭，當然是受印度的支持，以信佛爲主的辛哈利族人，自然不會同意他們的要求。淡米爾人在尋求從英國獨立運動的鬥爭中，貢獻不少力量，而且也受到共黨的暗中幫助。斯里蘭卡獨立後，淡米爾人獨立意願也愈來愈強。一九七二年，淡米爾公開獨立的暴力鬥爭終於出現，而以一九八三年發生於可倫坡的街頭巷戰，讓四百人平白犧牲，傷患無數，自此斯里蘭卡的內戰由是展開。而以淡米爾之虎爲首的自殺式鬥爭，也讓斯里蘭卡陷入血腥內戰中。

斯里蘭卡的繁榮也因而消失，古文化的遺跡也在戰火中相繼被摧毀。內戰，讓斯里蘭卡消失在觀光地理中。

第二節　亞洲古國和回教世界

一、中東諸國

(一)中東諸國的興起

鄂圖曼帝國崩潰後，世界觀光地理出現了許多新的多采多姿的國家。這些國家都擁有悠久的歷史和富裕的文化，都證明了它是人類文明的搖籃。

鄂圖曼帝國興盛時代，擁有世界最大的領土，東起中國，西止於東歐國家。不過，十九世紀英國把鄂圖曼帝國撕裂，建立了以英國為中心的中東、近東和遠東三個層次的殖民地。

鄂圖曼帝國在一九二〇年正式宣布「死亡」，於是，中東（Middle East）的國家土耳其、敘利亞、約旦、以色列、黎巴嫩先後出現，而近東（Near East）國家則從阿富汗起到海灣各國，如阿富汗、伊朗、伊拉克、沙烏地阿拉伯、南葉門、北葉門、阿曼、阿拉伯聯合大公國、卡達、巴林和科威特等，遠東則是越過印度河以東的東南亞諸國及以中國為首的東北亞諸國。

中東，擁有世界文明發源地的兩河流域，也就是有名的幼發拉底河（Eupharate River）和底格里斯河（Tigris River）。處在兩河流域的伊拉克，原本是一個文明古國的繼承人，因為它的祖先就是巴比倫王國，漢摩拉比法典就是出自伊拉克人祖先之手。當伊拉克還是王國時代，巴格達擁有的文萃風華，一直是該區之首。即使是海

珊當政這二十年間，他也極力保存著祖先遺傳下的稀世之寶。不幸的是，二次波斯灣戰爭，美國把伊拉克的博物館炸毀，價值連城的文化古物，也變成打劫的對象。戰爭，把伊拉克的古文化物摧毀。

在土耳其境內的高山峻嶺，可以說是雄偉的景觀勝地。舊約聖語上的所說的諾亞方舟，就是停留在崇山峻嶺的山區內，流經敘利亞和伊拉克的兩河，早在西元前六千年，就為人類孕育了富裕的文化。古國如舒穆（Sumer）、巴比倫（Babylon）和亞述利亞（Assyria）都建立了自成一格的文化體系，其中有以農耕灌溉見長、有以法律流傳於世、至今仍為有力參考的經典論述，另外還有以藝術製作品流傳於世，亞述文明即是其中佼佼者。

整個中東的歷史，除了與文明有關的部分外，外族入侵及內亂頻頻，也構成了觀光地理重要的一環。入侵的外來文化和當地原有的文化基礎結合而成為另一種多元性的文化也增加多重色彩。

(二)宗教衝突

中東地區由於種族繁多，宗教也變得複雜起來，於是宗教衝突變成了不定時的炸彈，隨時一觸即發。由於英、美讓以色列在巴勒斯坦地區建國，更加強了仇恨衝突。以色列和巴勒斯坦無解局面，也把整個回教世界捲入衝突的漩渦裡。仇恨讓理智喪失，仇恨也把整個觀光美景撕裂。

在過去三十年來，首先是兩伊戰爭，一拖十年之久，什葉派和遜尼派的宗教世仇，讓伊朗和伊拉克人民掉入苦難的深淵。生靈塗炭，自無觀光建設可言。中東地區所依靠吸引世界遊客的重點，無疑是悠久的文化古跡，這些文化古蹟一旦被推毀，再也沒有修復的機會。

蘇俄在八〇年代入侵阿富汗，但十年師老無功，蘇聯為此一蹶

不振。阿富汗古文化雖被摧殘殆盡，但也種下蘇俄帝國日後瓦解的遠因。阿富汗國內各大宗教派系由抗俄而結盟，但也因蘇俄撤軍而造成了連年內戰。阿富汗境內最殘酷的神學士基本教義派取得統治權後，殘酷統治變本加厲，連最古老的佛像也不能倖免而遭炸毀。神學士就好像是摧滅古文化的死亡騎士，所過之地，就是一片殘垣敗瓦。而神學士本身也用仇恨的眼光來看待外國人，國際觀光，自無觀光可言。

　　阿富汗是近東回教國家的大國，從阿富汗起而至海灣各國，都是文化風采極佳的亞洲古國。但是，鄂圖曼帝國崩潰後，靠近蘇聯的回教文化古國，卻遭受蘇聯占領，而成為它西進伊朗和土耳其尋找出海口的西進走廊。這些受控於蘇聯的回教古國，他們的祖先就是帖木兒，在十三世紀建立橫跨歐亞的蒙古帝國。

　　誠如前文所述，蘇俄國出兵阿富汗十年，非但不能完全占領，連年征戰，也把經濟拖垮，於是，以布里茲涅夫為首的蘇俄共黨獨裁者，終於被以改革開放為號召的戈巴契夫推翻。戈巴契夫上任的首要工作是，宣布自阿富汗無條件撤軍。繼後，一連串的開放，也帶動了蘇俄衛星國家的解體。先是波羅的海三小國，隨後是東歐各國，最後輪到了蘇俄和中東各國接壤的諸回教國家。

Travel Tip

伊拉克人與啤酒

　　伊拉克人可以說是阿拉伯世界中喝啤酒的冠軍。他們承襲了祖先閃族人喝啤酒的優良傳統。目前，伊拉克人對啤酒的需求量有增無減，因而使得啤酒廠的出貨，供不應求。哈珊尚未被美國擒拿前，他

的獨裁政府怕伊拉克人沒有啤酒喝而引起社會騷動，只好從澳洲和歐陸國家進口啤酒。

追溯伊國歷史，在美索布達米亞平原居住的閃族人，曾一度因為禁止喝啤酒而引發暴動。最後，主事者只好從善如流，解除這道禁令。從遠古開始，伊拉克人就和啤酒結下不解之緣。

伊拉克祖先的「明君」之一，漢摩拉比大帝立下漢摩拉比法典，是為世界法典之祖。漢摩拉比大帝也曾另立二百八十二條法律，以作為啤酒的釀造和銷售準則。他不但推銷啤酒，而且創立了「公賣制度」。

如果有人要伊拉克不喝啤酒，伊人一定會笑他是「非我族類」，不懂悠久的歷史「傳統美德」。

一些事後諸葛亮的「軍師」們笑布希總統不懂伊拉克歷史，否則聯合世界所有外銷啤酒的國家，對伊拉克施以嚴密的啤酒禁運政策，然後再派特工隊潛入伊國把啤酒釀造廠徹底炸毀，相信海珊政權可能老早就會被因為沒有啤酒可喝的伊國老百姓推翻了。

二、亞洲古回教國

從蘇俄脫離而獨立的亞洲古回教國包括阿曼尼亞（Armenia）、阿賽拜然（Azerbaijan）、卡薩克斯坦（Kazakhstan）、庫金斯坦（Kyrgyzstan）、塔吉克斯坦（Tajikistan）、土克曼尼斯坦（Turkmennistan）和烏茲別克斯坦（Uzbekistan）。

中國古代的絲路，是歐亞兩洲商旅貿易的必經陸路要道，也是中國和歐洲最早接觸的通商大道。古代絲路就是由中國的長安向西行，路經新疆、印度以及目前這些回教古國而到達土耳其，然後橫

越地中海而到達義大利的威尼斯。這條商業大道雖經崇山峻嶺和浩瀚的大草原，甚至酷熱無水的大沙漠，千里之遙的道路，非有堅強的意志和令人無可抗拒的誘人因素不足為功，若從觀光角度而言，實在是沒有開發的必要。可是，現在不同了，一條新的絲路隨著亞洲古國的「復活」，也讓久無生氣的絲路再現生機。

(一)天然物產豐富

阿曼尼亞是新絲路由土耳其開始往東的第一國。它處在土耳其和伊朗交界的山區中。早在西元前第八世紀，阿曼尼亞人就已經建立了獨立王國，當時的面積遠比現在大，舊約的諾亞方舟，就是停放在該國高達四○九○公尺的阿拉格斯山（Aragats）內。因為全國受重山包圍，故礦藏豐富。

阿賽拜然和阿曼尼亞相鄰，但卻盛產石油。遠在西元八百年，阿人就會用石油為燃料，同時因為油氣在地面上燃燒，也獲得了地面之火的封號。阿賽拜然之名由此得來。

過了裡海（Caspian Sea）之後，就是土克曼尼斯坦，它和伊朗及阿富汗接壤。土克曼尼斯的灌溉系統優良，因而農業發達。除此之外，絲、油、天然氣和硫磺也有出產。自古以來，它是歐亞的通衢要鎮。

烏茲別克斯坦介於土克曼尼斯坦和卡薩克斯坦之間，是中亞的大國。早在西元十世紀，蒙古帝國首領之一的烏茲別克汗在此建立自己的帝國。該國也盛產石油和天然氣，除此之外，灌溉系統十分優良，主要農產品是以棉花為主。沒有脫離蘇俄之前，它是蘇俄棉花最大供應國。

卡薩克斯坦是中亞各古國中面積最大的國家，它的面積幾乎和印度一樣大。它是以出產糧食、棉和水果為主的國家。以前的出產

110

完全是供應蘇聯，現在卻是自由市場制度。它的礦產也特別豐富。由於面積廣大，蘇聯占領時代，還在該國的沙漠地區建立核爆試驗場地，Baykonyr就是火箭發射基地，現在終於擺脫了厄運。

　　和中國新疆接壤的兩個小國庫金斯坦和塔吉克斯坦都是具有豐富回教文化背景的國家，也是最新絲路位於新疆出口的要塞，地位十分重要。這兩個古回教國均以農業為主，其間也有一些牧產品。

(二)觀光新契機

　　上述的中亞古國在蘇聯的百年統治下，雖然沒有政治自由，但因地處邊陲，莫斯科當局給予彼等保留原有的文化特質，在建築上也以古老的形式為主，因而給人們有一種復古的感受。這些國家的交通如公路和鐵路，原來都屬於蘇聯附屬，因此規格都是相同的。這些原來不重要的因素，一旦把絲路連起來的時候，交通網路就顯得特別重要了。

　　古代的絲路是靠人的毅力去克服困難，長途跋涉以達成任務，並沒有觀光的因素在內。不過，現代的絲路卻不再是一種勞其筋骨的旅遊，而是一種搭乘現代化的交通工具，沿途欣賞古文化的旅遊。在可預見將來，現代絲路之旅，將會活躍在世界的觀光地理上。

Travel Tip

橫越亞歐打通絲路

眾所周知，絲路是一條中外著名的旅遊路線，從中國延伸到中亞，再進入歐洲地中海岸，長達數千公里。最近世界觀光組織官員在新疆的烏魯木齊集會，共同商討如何協調絲路所經過的各國，發展這條黃金旅遊路線。

絲路旅遊已被列入聯合國發展計畫署的跨國旅遊輔導項目，世界觀光組織表示，將會和中國、哈薩克與烏茲別克等沿線的國家合作，項目包括修建絲路藝術中心和古老城市群、協調各國制定旅遊產品標準，簡化邊境手續。

一九九七年，世界觀光組織曾向絲路經過的國家發出呼籲，希望能夠建立一種「絲路旅遊護照」，讓絲路的遊客能夠申請一種特別的護照，通行無阻於各國家之間，但這項理想隨著中亞局勢的緊張，阿富汗戰爭的發生，成為空談。

很顯然地，世界觀光組織的官員這次的提議就比上次務實得多；他們不急著建構「絲路護照」，而是要「因地制宜」。世界觀光組織將絲路沿線分成三個板塊，一是吉爾吉斯、土庫曼、哈薩克三個中亞國家，這些國家旅遊業剛剛起步，世界觀光組織將會協助這些國家制定旅遊發展計畫，並訓練他們的旅遊官員。

第二塊是指中國、巴基斯坦、伊朗、土耳其這些國家，他們的旅遊業發展已初具規模，世界觀光組織將協助這些國家提升旅遊產業的規模。

第三個板塊是日本、南韓和歐洲，這些國家位在絲路的兩端，他們是絲路旅遊主要的客源國，世界觀光組織的做法是擴大宣傳推廣。

世界觀光組織在他們的網站上特別開闢「絲路」專欄，用來介紹絲路旅遊的現況，對世界觀光組織來說，兩千年前的絲路，現在是一

條亞歐大陸橋，這條陸橋如果能夠打通，對人類的歷史意義重大。

目前國內旅行社推出的絲路旅遊，都僅限在中國境內，包括陝西省、甘肅省、新疆，最遠是走到新疆和巴基斯坦的交界，但尚未有旅行社可以安排穿越中亞直達歐洲的絲路旅遊，主要原因是中亞諸國的政治和社會環境特殊，資訊短缺。日本在數年前，曾經有旅行社進行絲路全線考察，從日本出發，走到土耳其，共走了六十五天。

相信到了二○一○年，走完全程的絲路之旅，已不再是天方夜譚的空想了！

Australia

VACATION GETAWAYS

澳洲篇

第七章　澳大利亞

WOLF CREEK
CRATER

THE
WARRUMBUNGLES

GEIKIE
GORGE

GREAT
BARRIER REEF

DARWIN

*ARNHIEM
LAND*

❻

*DEVILS
MARBLES*

*SIMPSON
DESERT*

❹

BRISBANE

❺

ALICE
SPRINGS

THE OLGAS

AYERS ROCK

*STONY
DESERT*

*GLASS HOUSE
MTS.* ▲

HAMERSLEY
RANGE

LAKE EYRE

❸

THE
GRAMPIAN

*BLUE
MTS* ▲

SYDNEY

WAVE ROCK

NULLARBOR
PLAIN

*JENOLAN
CAVES*

❶

PORT
JACKSON

PERTH

*MURRAY
RIVER*

ADELAIDE

CANBERRA

THE CORRONG

MELBOURNE

NINETY
MILES
BEACH

❷

BLUE LAKE

PORT
CAMPBELL

❼

HOBART

PRECIPITOUS
BLUFF

1.新南威爾斯州 NEW SOUTH WALES
2.維多利亞州 VICTORIA
3.南澳省 SOUTH AUSTRALIA
4.昆士蘭省 QUEENSLAND
5.西澳洲省 WESTERN AUSTRALIA
6.北疆 NORTHERN TERRITORY
7.塔斯曼尼亞省 TASMANIA

　　在一九七〇年代以前，每當人們提到澳大利亞的時候，他們的第一個反應是，一個實行「白澳政策」的國家。換言之，非白種人是很難移居澳大利亞的。

　　澳大利亞（Australia），可以說是世界上最大的島（The Largest Island）；但也可以說是世界上最小的洲（The Smallest Continent）。因為她是一個四面臨海的海島，但面積卻有七百六十八萬兩千三百平方公里這麼大，只比美國小一萬多平方公里，故稱之為洲並不為過。但是，澳洲卻是一個乾旱的大陸，三分之二以上的土地－從大西部到中原，不但沒有水資源，而且也無法讓人類居住，可以說是一片荒蕪的沙漠及不耕之地。如果是從水資源的使用情況而言，澳洲實施「白澳政策」也無可厚非。因為大量移民的湧入，最後終會產生「人與水爭」的不幸結局。

　　遠在二百年前，澳洲的第一代移民，也就是被英國放逐的囚犯登上這塊「乾旱之陸」之後，他們就集居在東海岸，然後再往南移；於是，從昆士蘭省（Queensland）的布里斯本（Brisbane）經雪梨、墨爾本到南澳的阿德里德（Adelaide）這塊拱門的地帶，就變成日後澳洲人的生存之地，澳洲的觀光地理也就是這裡開始。

第一節　東海岸線

　　澳洲的東海岸線是一條多元化觀光的走廊，有世界最大的海底珊瑚層，可以滿足潛水者「海底觀光」；東部的山陵地帶，正是滑雪的好地方，讓居住在北半球的滑雪者在盛夏的時候到南半球過冬，享受一下「夏天」的滑雪滋味；喜歡歌劇和音樂演奏的人，不妨到雪梨歌劇院和墨爾本歌劇院膜拜一下，因為兩院都有高水準的節目演出；要是品酒的人，沒有親身體會東海岸獵人河谷的醇美葡萄酒，不能算是一個頂級品酒專家；對賞花的人和熱愛賽馬的人，絕對不能錯失坎培拉花季和墨爾本大賽馬的良機。

一、漢彌爾敦島和大堡礁

(一)漢彌爾敦島（Hamilton Island）

　　漢彌爾敦島在昆士蘭省外海，是一個沒有現代文明污染的美麗之島。島上沒有汽車，因而沒有空氣污染；島上沒有報紙，不需要受世界局勢或股票起伏的影響，使精神受到污染壓力。島上空氣清新，晴空萬里，正是一般城市人需要的調理劑。在島上居住，有若過「原始生活」。

　　漢彌爾敦島上的交通工具有兩種，一種是高爾夫球場上常用的高爾夫球車，另一種是腳踏車。如果兩者都不用的話，徒步健行也是一種生活的方式。在島上的活動可分靜態與動態兩種，前者是在海灘上或游泳池旁享受日光；後者則是參加水上活動，如潛水、乘

快艇或海上滑水。不少西歐遊客到了島上之後，甚麼事都不做，整天與海灘爲伍，因爲在西歐，永遠享受不到這種日光浴。

(二)大堡礁（The Great Barrier Reef）

漢彌爾敦島還有一個吸引人的好去處，即搭乘快艇到大堡礁，參觀世界最大的珊瑚礁及海底的水族世界，這是一種另類海洋觀光的體驗。到海底潛水，不但與魚群共游，所看到的魚，也是平常難得一見的「稀有魚類」。到大堡礁潛水看活珊瑚，也是難得的經驗，因爲潛水看到的活珊瑚，有若飄浮的水草，色澤也沒有那麼鮮豔。如果不是親眼目睹，很難想像「有生命的珊瑚」和「沒有生命的珊瑚」的差別是如此之大。

▲ 澳洲大堡礁海底活珊瑚

　　由於大堡礁是世界上僅有的幾片活珊瑚礁層，澳洲環保人士有意促請澳洲政府把它列為保護區。如果實現，大堡礁的海底觀光就變成歷史的名詞了。這是觀光和環保相互排斥的第一個明顯例證。

二、獵人河谷（Hunter Valley）

　　如果從昆士蘭省開車到雪梨，只要稍為繞一點路就可以到新南威爾斯省（New South Wales）的獵人河谷，品嚐到風味絕佳的紅、白葡萄酒。同時也可以欣賞到如畫般的田園風光。當葡萄成熟季節駕車而過，葡萄的芳香，薰人欲醉。獵人河谷春秋兩季最美，盛開的花和火紅的楓葉，特別吸引遊人。

　　獵人河谷也可以說是買酒者的天堂，整條河谷佈滿了不同種類而知名度又高的好酒莊。再者，很多酒莊都附設旅館和法國餐廳，在品酒之餘再去欣賞法國好菜，的確是一種享受。

三、澳洲文化藝術的地標－雪梨歌劇院

　　如果用有競爭才有進步這個角度來看雪梨歌劇院提升澳洲的文化水平，應該是最好的詮釋。別的不說，就以藝術表演場地而言，雪梨歌劇院不但是南半球首屈一指的歌劇演奏和芭蕾舞的表演場地，而且在世界上的排名，也可以說是佼佼者。

　　雪梨歌劇院（Sydney Opera House）不但是雪梨的地標（Land Mark），也是澳洲的國家商標（The National Trade Mark）。因為每當澳洲舉辦海外大型推廣活動，雪梨歌劇院的圖片，永遠不會在海報上消失。雪梨歌劇院也是澳洲推展觀光的指標。

　　雪梨歌劇院構造特殊，從不同的角度去看它，都會對結構有不

▲ 雪梨歌劇院

同的詮釋。有人認為它像修女的帽子、有人認為它像帆船、甚至有人會用張開的貝殼形容它。即使是設計者烏體松本人，也沒有說出他心中的想法，這就是雪梨歌劇院的最大特色，每一個人都會有自己的認定而不會去「流俗」，雪梨歌劇院因而也變成國際觀光客的「模特兒」。根據一項非官方的統計，每一個外來的觀光客，至少會用一卷底片來拍攝它的「絕色美」，「模特兒」當之無愧。

四、藍山

　　以大雪梨地區而言，藍山（The Blue Mountains）也是值得一去的名勝地，其中有一個非常特殊的景點，是世界上最長的垂直鐵路就設在藍山的煤礦區內。目前煤礦已無開採價值，但是這條垂直鐵路卻變成熱門的觀光景點。

五、墨爾本

(一)墨爾本賽馬

　　用「看風得意馬蹄疾」來形容墨爾本春季賽馬節日的喧嘩日子，最為切題。墨爾本，這個曾經被譽為是美國東海岸的波斯頓的澳洲第二大城，少了賽馬，它的色彩就會平淡幾許。

　　澳洲地處南半球，每年九月、十月、十一月三個月份，均屬春天。墨爾本接近南極，真正春暖花開的日子，多在晚春。墨爾本的賽馬日子，均從十月中旬開始，直到十一月的第一個星期二－墨爾本盃（The Melbourne Cup）大賽日達到高潮，整個澳洲為之瘋狂。從推展觀光的角度來看，的確收到超預期的效果。

　　一九六五年以前，墨爾本盃大賽馬只局限在南半球，由於受到一九五六年墨爾本世運推廣不夠的刺激，馬賽當局幾經苦思之下，終於在一九六五年十一月的墨爾本盃大賽日，請來了當時最有國際聲望的美國名模特兒珍‧絲麗普頓（Jean Shrimpton）前來參觀比賽。絲麗普頓在比賽當天，大膽穿著短及上膝部位的寬鬆迷你裙，不穿絲襪、不帶手套、更不戴帽子。當她出場亮相時，全場觀眾為之驚呼不已。雖然迷你裙在世界其它開放國家早已流行，但看在保守的墨爾本人眼裡，血液也為之沸騰。第二天，墨爾本以及澳洲其它各大城，都用「蝦兒」（The Shrimp）作為頭條的標題，以形容其所造成的轟動，而賽馬的本身，卻變成聊備一格的新聞。

　　「蝦兒」到訪，讓「墨爾本盃大賽馬」像鯉魚跳龍門般的一躍而為國際級的體育節目，自始以後，國際實況衛星轉播，也紛紛和「墨爾本盃大賽馬」現場實況進行。墨爾本城也在世界觀光地理上

占了一席之地。一九五六年墨爾本奧林匹克國際運動會所沒有辦到的事，九年之後全辦到了！

(二)菲立浦島企鵝

墨爾本城本身，除了大賽馬之外，它還有一個非常有名的景點，則是到菲立浦島（Philip Island）看企鵝遊行（Penguin Parade），是澳洲有名的觀光景點。

菲立浦島在一七八九年由澳洲人發現，是一個充滿原野美的小島。每到黃昏，早晨出海捕食的企鵝都游泳返家，企鵝到岸之後，很自然的排成隊伍，各自回到自己的巢穴，觀光客可以在看台上看牠們走路返家樣子，可以稱之為菲立浦島的特殊景觀。當菲立浦島沒有開放觀光之前，企鵝成千上萬，目前企鵝的數量減至四位數字，且還在下降。菲立浦島當局雖然做了很多防範措施，但觀光客的「人氣」，還是把企鵝「氣走」了。

澳洲的激進環保人士曾主張封島，不讓觀光登陸，以便實施保育計劃，讓企鵝數量回升。這個問題已經提到聯邦政府的內閣層次討論，但始終沒有辦法下結論。這是澳洲觀光與環保相互排斥的第二個明顯例證。

(三)丹迪能格山脈

丹迪能格山脈（Dandenong Ranges）在墨爾本郊區，是一片丘陵地，它是以自然美色和鬱金香而有名。春天到來，除了去墨爾本看賽馬外，一定要到丹能格丘陵地帶參觀鬱金香花圃。國色天香般的鬱金香在每一個農圃爭奇鬥豔，煞是好看。它的壯觀，有時連荷蘭的花圃也自嘆弗如。

六、澳洲人造大城－坎培拉

(一)坎培拉建城由來

坎培拉（Canberra）是一個人造的大城，建城的主要目的是要彌平雪梨和墨爾本二城的「爭都之戰」的緊張氣氛，同時也是為了要彰顯新國、新都的新氣象。

坎培拉在尚未建都之前，是一片荒蕪。且地處中央，四面環山，夏天酷熱，冬天酷寒，絕對不是一個適合居住的地方。即使時至今日，每當國會休會，坎培拉就變成一個了無人煙的「鬼城」（Ghost Town）。澳洲聯邦政府為了不讓這個首善之都，了無生氣，不斷撥款興建觀光區和舉辦各種活動，以招徠觀光客。坎培拉春天的花季節和冬季的滑雪比賽，就是在這種創意下和世人見面。

(二)花季

坎培拉花季展出的花朵種類繁多，有些是栽種在花盆裡、有些是種在花圃內、有些是露天、有些是擺設在展覽館之內。在眾多的花卉中，最受人歡迎的，應是鬱金香。因為每一個花節，鬱金香都有「驚豔」之作，不但是觀眾的最愛，也是鏡頭下的「熱門模特兒」。

(三)冬季滑雪比賽

坎培拉的冬季滑雪比賽，非常有創意，目的是要滑雪的人有參與感。因為山峰不高，坡度緩慢，滑雪的人都可以按自己技術參加分組報名，可以說是一種純觀光友誼性的活動。滑雪季節過後，觀

▲　坎培拉花季

光客們會彼此約定，明年再來。

　　坎培拉本來是一個平淡無奇的首府，經過花展之後，在群花競
豔下，翠綠、楓紅和雪白等各色系花朵，把坎培拉妝扮成一個花神
眷顧的花都。冬季的滑雪，又讓它在隆冬中添增了觀光人氣。一個
原本是平淡無奇的「政治首府」，經過長期的投資和推廣，讓它的
「觀光氣脈」和雪梨、墨爾本連成一線，使得澳洲東南海岸出現了
一個三角形觀光區。從觀光地的角度來看，坎培拉的「變臉手術」
是非常成功的。

第二節　南澳和塔斯曼尼亞島

一、南澳觀光

(一)德國古風

　　澳洲南澳省是屬於德國後裔的天堂。從哥德式教堂的建築，到精釀的香醇白葡萄酒；從巴魯薩河谷的德裔葡萄園莊、到南澳省各階層人等的日常生活，多多少少都脫離不了早期德國移民留下來的「古風」。特別是首府阿德里德市，更充滿了德國傳統文化，有不少來自德國的觀光客，一旦進入阿城之後，讓他們感到最吃驚的是，很多在德國已遺失的「古風」，竟然可以從南半球找到。觀光地理的最大特色之一是，讓遊客們在偶然的機會裡，發現和本身似曾相識的影子，是那麼的遙遠，又是那麼的接近。

(二)巴魯薩河谷

　　到南澳省觀光，一定要自己租車或搭乘旅遊巴士前往巴魯薩河谷（Barossa Valley）參觀。河谷位在首府阿德里德城之北，只需略看地圖（自己駕車）沿二十號公路北行即可進入巴魯薩河谷葡萄園區。首先到巴魯薩河流域開墾的歐洲人就是德國路德教派移民，他們到達巴魯河流域定居後，發現當地的土壤和德國萊茵河流域出產雷斯玲葡萄的土壤相近似，而氣候也相宜，於是雷斯玲白葡萄酒也因而在南澳風行起來。

前往巴魯薩河谷參觀的時間，最好是偶數年的秋天三月份的葡萄收成嘉年華慶祝節日，爲期約一星期，很多酒廠都會不計成本，把上好的美酒從地窖中拿出來拍賣，價錢也不貴。運氣好的話，說不定可以買到酒中極品。三月份也是南半球的秋天開始，由於南澳省面臨南極，早秋的楓葉已紅，但也還有些花如薔薇仍然盛開，氣溫不會太低，屬於旅遊季節。

(三)庫隆沼澤地

到南澳省，不要忘記去庫隆沼澤地（The Coorong）參觀。位處南澳省和維多利亞省的交界處，面臨穆瑞河（Murra River）出口，是候島的天堂，特別是朱鷺（Ibis）的棲息地。由於南澳省對鳥類的保護十分周全，黑天鵝也在那裡大量繁殖。朱鷺一身雪白的羽毛，配上一隻火紅色的長嘴，成群翱翔在藍天，煞是壯觀；而黑天鵝全身羽毛黑得發亮，牠的嘴也是朱紅色，往往和朱鷺在沼澤地同游，構成一幅美麗的自然圖案，不但是觀鳥者的最愛，也是觀光客攝影留念的對象。

庫隆沼澤地還有澳洲其它有名的鳥類如鵜鶘、鷗、鴨和箆鷺等，都是以此爲棲息地，它不僅是野生鳥類的天堂，也是拍攝野生鳥類生態影片的最佳地點。不少世界有名的野生鳥類的紀錄片，都是在庫隆沼澤地取景的。

二、塔斯曼尼亞島

(一)英國情調

在澳洲南方的一個離島—塔斯曼尼亞島（Tasmania），面積比

台灣大三分之一，人口只有六十萬，不過卻是澳洲的一個省份。島的形狀有如蝴蝶，到處都是青蔥翠綠的原野，農莊散布其間。以英國人的角度來看，塔斯曼尼亞省比英國本地更具英國情調。

(二)美食美景

塔省首府荷帕特（Hobart），是一個很有英國情調的小城，然而荷市的餐館，卻以法國菜和義大利菜而著名，不論是法國菜或義大利菜，都是烹調塔省的龍蝦而讓人垂涎欲滴。塔省以產龍蝦聞名，其龍蝦不叫Lobster，而稱之為Crayfish，主因是後者體積較前者小，但是以鮮嫩的程度而言，後者遠較前者為佳。住在塔省的人常說，吃過塔省龍蝦，再也不會去吃「澳洲龍蝦」了。

塔省還有另外一個大城，名叫朗徹斯頓（Launceston）。兩城分處島的南北兩端。如果要從荷市到朗城，最好是自己駕車或搭乘遊覽巴士，沿途風光，美不勝收。特別是途經松樹林森林區（Huon Pine Tree Forest）的一段，更是驚心動魄。松樹林長在崇山峻嶺上，車子在參天巨木和懸崖峭壁間開鑿出來的山路行駛，從窗外遠眺，一方面為天然叢林美景所吸引，另一面又為車子在山間小道上緩緩行駛而耽心，乘客們複雜心情，洋溢於表。

在塔省松樹林森林區，有一塊高一一二〇公尺的輝綠岩峭壁（Precipitous Bluff），呈墨綠色，和澳洲中原的艾耶斯巨石（Ayers Rock）相映成趣，堪稱世界單一巨石雙絕。不過前者是由玄武石（Dolerite）形成，堅硬若鋼；後者則是沙石岩形成，經過千萬的風雨侵蝕，終有一日消失不見。輝綠岩峭壁是塔省風光景點之一，不過，到目前為止，還沒有聽說有人敢去攀登峭壁，向極限挑戰。

(三)塔省三寶

　　塔省有三寶，一是用松木（Huon Pine）製成的廚房用品和擺設，二是聖誕樹蜂蜜，三是盒裝的可喝雨水。松木堅硬且呈原木色，本身有一種特殊香味，製成品美觀、耐用。澳洲位於南半球，聖誕節正是南半球的夏天，用聖誕樹採下的蜂蜜製成的蜜糖，味道特別香，是北半球蜂蜜所沒有的。塔省靠近南緯四十度（Roaring 40），從那裡飄過來的雨水，是世界上最清潔的雨水，不需要處理就可以直接飲用。

　　塔省還有值得一提的是，清新的空氣，即使是澳洲大陸也比不上。塔省的月亮不但明亮透澈，還有比別的地方來得大的感覺。以前有人戲謔說，「美國的月亮比別的地方亮」；可是，塔省月亮和

▲ 澳洲塔斯曼尼亞島

美國月亮相比，相信前者會比後者更加明亮。

 # 第三節　大西部－看野花和賞落日的天堂

一、東西澳地理上的分離

　　澳洲大西部面臨印度洋，由於受到中原沙漠相隔的影響，再加上位在東部的澳洲人沒有美國人西部拓荒的精神和勇氣，因此，在先天上好像不屬於澳洲的一體，反而與東南亞鄰居相接近。

　　時至今日，澳洲東西部的交通，除空運相連之外，沒有公路相接，更無河道可行。勉強算起來，只有一條由東南繞經南部而再到西南部的印度－太平洋鐵路（Indian-Pacific）相貫，但是繞道時間過長，並沒有任何交通便捷之利，其它商業利益更不用談了。澳洲人一生沒有坐過火車由東海岸到西海岸的人，比比皆是，東西兩岸距離，莫此為甚。

二、觀光景點

　　不過，從觀光地理的角度來看，澳洲的大西部應該列為一等一的觀光區。到澳洲西部觀光的遊客，最好由東南亞國家搭乘航空班機直飛西澳省首府伯斯城（Perth），伯斯城也是通往東南亞國家的門戶。

(一)日落美景

　　伯斯城面臨印度洋，它的外港弗利曼圖（Fremantle）在一九八五年曾揚名國際，因為代表澳洲奪得美國杯帆船大賽（The American Cup）的「企業號」（Enterprise），就是在此港慶祝凱旋歸來。由於天氣使然，伯斯城秋天的落日特別美，尤其是在內陸看太陽西下，其景色之絢爛，尤勝於海邊觀日落，「秋雲似錦」是內陸日落的「專利」。

(二)野花公園

　　除了落日勝景之外，伯斯城內的野花公園，如國王公園和皇后

▲ 西澳柏斯城落日奇景「秋雲似錦」

公園，是伯斯城的「地標」。因為很多觀光客沒有充裕時間往北走，欣賞花海奇觀，只好退而求其次，前往西澳的野花公園參觀。根據植物學家估計，世界的野花（有學名）大約有六千種，而西澳就占了三分之二以上，在「國王」跟「皇后」公園裡，都可以找到知名的野花。

到西澳欣賞野花，最好是南半球的春天，即每年九、十、十一這三個月。有一點需注意的是，野花的壽命不長，看花的日子最好是九月下旬到十月中旬。十月以後，野花已接近生命的盡頭，正忙著結種，等著春風吹拂，把種籽散布在原野上，以待來年茁壯開花。

西澳的野花，不是以精緻取勝，它就好比西部浩瀚的原野，以壯麗奇詭來吸引遊人。當相同色系的花朵同時齊放時，其所展現出的奇景，有若一片花海。最讓遊人徘徊不忍離去的時刻是，春風拂過花海所激起的花浪，此起彼伏，煞是好看。花如果不能成海，就沒有春風拂起時的花浪奇觀了。

到西澳賞野花，最好是自己駕車，出了伯斯城之後，沿一號公路往北行而止於吉拉爾頓城（Geraldton），是一條有名的「花徑」，公路兩旁均有看花海的指標，可以隨時下車攝取鏡頭，站在「海」的岸緣看花拍照，的確是一件旅遊中最爽快不過的事。這條「花徑」一天可以來回，如果時間充裕的話，可以在「花徑」內的汽車旅館住一個晚上。如果打算住汽車旅館過夜的話，最好在夕陽之前住進旅館，然後再出來捕捉落日彩霞和花海爭豔的鏡頭。這是觀光地理中一再論述的大自然奇觀，而這些奇觀，不是每個地方都有，透過觀光地理去尋找，應是一種閱讀的樂趣與收穫。

(三)品嘗葡萄美酒

伯斯城還有一條以風景和葡萄園取勝的天鵝河（The Swan River）。一八二七年，英國海軍艦長史特陵（Captain Stirling）在西澳登陸，隨後發現河口，於是率海軍士兵溯河而上，因為河的兩岸常有黑色天鵝戲水，而且土地肥沃，於是就在河的出口屯墾，並取名天鵝河。大概他不會想到，百多年之後，天鵝河流域會變成西澳有名的葡萄酒出產品。

現在的天鵝河不但成為西澳的觀光景點，而且也是有名的品酒區。觀光客可從柏斯城碼頭搭乘遊艇，溯河道而上，出了伯斯城之後，目之所及，兩岸盡是垂柳，黑色的天鵝在垂柳下戲水，那種悠然自得其樂的景緻，會讓遊客們羨慕不已。

當遊艇進入葡萄園區之後，兩岸風景與前段大異其趣。到葡萄收成季節的時候，遊客們可以看到一串串晶瑩如紫水晶、如翠玉般的葡萄掛在藤蔓上等候收割。隨風帶來的葡萄香挑起了遊客們品酒的雅興。船長也就及時鳴笛，並停靠在莊園自備的碼頭前，讓遊客隨迎客的莊園嚮導徐徐走進莊園品酒。酒過三巡之後，再回船行駛到下一個葡萄莊園。通常而言，訪問過三至四個葡萄莊園之後就折返柏斯城。結束一趟賞景與品酒之旅。

(四)礦區遺址

日落秋雲、花開如海及品嘗葡萄美酒，是西澳的三個大特色。除此之外，西澳洲也曾是囊昔淘金熱和挖鑽石熱者的天堂。不過，它們也和美國西部一樣，當狂熱一過之後，所遺留下的礦區，只好變成後人憑弔前人的遺址。西澳洲政府特別把當年淘金熱的礦區城Coolgarlie和Kalgoorlie保留下來，讓觀光客參觀。觀光客可以走進

坑道，體驗一下淘金並不是一件很容易發財的事。

(五)浪石

　　澳洲的大西部雖然是澳洲天然景觀最多的地方，但和美國大西部相比，就有若雲泥之別了。澳洲大西部沒有崇山峻嶺，也沒有湍急的河流，只有一片大沙漠。不過，距離伯斯城東南方三百公里處，卻有一塊「浪石」（Wave Rock），遠遠看去，像是沙漠因風捲起來的「沙浪」，有十二公尺高，簡直和捲起的海浪別無二致。根據地質學家考證，這片「沙浪」，其實是遠在人類到臨澳洲之前就由地面凸出來，其本身並不是砂層岩，而是花崗石，由於面臨南極，千萬年來的刺骨寒風迎面刮來，再加上千萬年的雨水浸蝕，堅硬如鐵的花崗石最終還是敗在大自然的威力下，而後變成蔚為奇觀的「浪石」。

第四節　澳洲中原和北疆原野奇觀

一、澳洲中原觀光景點

(一)愛爾斯岩

　　澳洲的中原是一個另類的中原，不是文化的發源地，也不是藏富於民的魚米之鄉。沒有河川水利之便，更沒有交織如網的道路交通、人口稠密的大城，也沒有讓人流連不去的人情小鎮。澳洲的中原只有一塊名叫「愛爾斯岩」（Ayers Rock）的單一石頭，除此之

外，就是一片寸草不生的大沙漠。下圍棋的人有一句俗語說：「金邊、銀角、草肚皮」。弦外之意是說，只爭邊和角，「中原」可以不顧，這句話用在澳洲身上，最恰當不過。全澳洲的精華區全分布在澳洲的海岸線和四周的岬形角地，中原只不過是「沙漠肚皮」而已。

根據考古學家說，當地球形成之初，澳洲仍為海底，而愛爾斯岩是海底的一塊石頭。由於地殼不斷變動，經過數億年之後，澳洲從海底升起，中原變成一片大沙漠，愛爾斯岩因突起而有名。

不過，對中原唯一的少數原住民來說，這是神的意旨，讓它從天而降，因為它具有吸收雨水的威力，每到旱季，雨水從石頭內再流出而形成無數的小泉，不僅給土著帶來生命之水，也給附近的花

▲ 愛爾斯岩

草樹木和動物，無限的生機。

愛爾斯岩高三百四十八公尺，縱寬八‧八平方公尺，不過，它的吸水量高達四十萬磅。每當雨季來臨時，石頭上狀如蜂巢的小洞開始把雨水吸進去，雨季過後，水再慢慢流出來，土著把大石周圍的泉水視為聖泉，遊人只能遠觀，不可走近，以免冒犯神明的大忌。

愛爾斯岩本身呈紅色，其色澤會隨著陽光和不同角度而改變。譬如說，早上六點和下午六點在同一個地點拍攝愛爾斯岩，拍攝出來的結果完全不同。這種奇特的經驗，讓喜愛攝影的人為之叫絕不已。愛爾斯岩附近有一家五星級旅館，不少對攝影有興趣的遊人都會住宿旅館，以便捕捉愛爾斯岩的不同面貌。

(二)烏魯魯卡達祖達國家公園

愛爾斯岩附近也有不少原野風光可以欣賞，其中以烏魯魯卡達祖達國家公園（Uluru-Kata Tjuta National Park）最值得一去。國家公園面積有三十四平方公里，最著名的是歐加斯群岩（The Olgas），國家公園是以這五十座圓拱大石為名。在大石內留有史前時期土著壁畫和土著膜拜的神石，如果是隨同旅遊團觀光，導遊會詳細說明壁畫的含義；若自行開車前往參觀，就需要行前惡補，看看資料，否則一片茫然。

(三)愛麗絲泉鎮

愛麗絲泉鎮（Alice Spring）也是一個觀光景點，其中最著名莫過於「土著文化及電影藝術館」。因為舉凡土著的各種神話故事，都有它的特定表徵，為了彰顯它的特定義意，故每一個故事，都有一套活動畫面說明，以動態解說靜態的歷史文物，是一種別出心裁

的設計。

　　從愛麗絲泉鎮往西沿八十號公路開車，大約一小時即可到達有名的芬克峽谷國家公園（Finke Gorge National Park），那裡不但是攝影人士的天堂，也是對野生植物有興趣人士的聚集點。在公園裡，長了一種名叫「魔鬼尤加利樹」（Devil's Eucalyptus），遠看呈白色。由於樹葉長墜於地，從另一個角度眺望，就好像是披了長袍的「魔鬼」。此種狀似「魔鬼」的樹，卻是昆蟲、鳥類和兩棲動物的棲息所，樹葉和樹枝都皆爲牠們的「主食」。

二、北疆原野奇觀

(一)紅土沙漠

　　從澳洲中原往北走，就是澳洲的北疆（Northern Territory）。北疆不是澳洲正式的一州，由中央政府直接管轄。爲何時至今日，北疆仍不能正式成爲一州呢？最主要的原因是，地廣人稀，沒有任何豐厚財源可資「州政府」開銷，中央政府也只好接管了。

　　北疆地靠赤道，風景特殊，它的風光和南部迥異。前文所提，澳洲爲一個乾旱的大陸，只有沿海地不缺水，中原是一片大沙漠，北疆自不例外。除了首府達爾文有水源之外，其餘地區，就是湯姆森大沙漠（Thomson's Desert）。可是，沙漠裡的奇觀，遠較非洲的沙漠或中東的沙漠，多采多姿。

　　首先，北疆是紅土沙漠，每當雨季過後，奇花異草均利用短暫的生機，爭奇鬥豔，展現出一幅強烈刺眼的彩色牆。等到雨水全部被沙土吸盡之後，那些曾在自然界中像流星般炫耀過五色繽紛的花朵，也到了生命的盡頭，留下種子之後就向這個世界告別，等到下

次雨季降臨時，埋藏在沙漠裡的種子，又再度出世，如此循環不息，爲北疆構成一幅雨後彩虹圍牆。這種奇景，在其它地方是看不到的。

(二)當地土著

其次，北疆的沙漠裡，居住了少數的原住民，經過人類考古學家證實，他們是最遲進化的人，當地土著的最大特點是，完全沒有鼻樑。到北疆湯姆生大沙漠從事探險旅遊的人，一定要土著擔任響導，他們不但知道水源，以防萬一，而且也可以帶領遊人參觀祖先們遺留下來的壁畫。按照考據的記載，這些壁畫的年份，已有數千年的歷史。土著們還有一個絕活，表演生炒螞蟻，讓遊人領略土著們的美食。在湯姆生大沙漠裡的螞蟻呈深藍色，身長有五公分，經土著們的特別調味，炒起來也特別香，大概是世界上唯一有「炒螞蟻大餐」的地方。

(三)雨季景觀

北疆在雨季來臨時（四至六月），河水暴漲，無數乾涸的盆地也變成小湖。河道成爲湖與湖之間的運河，遊人可以乘遊艇川行於河道之間，欣賞不同色彩的荷花。長在湖裡的荷花是以整片計算，而不是以朵計算，可謂奇景。因爲雨季的來臨，候鳥也到湖沼地帶棲息，早晨和黃昏，是觀賞候鳥出沒的最好時刻。依據北疆旅遊局統計數據顯示，大約有上千種不同的鳥類群出沒在湖沼地帶，有些還是瀕臨絕種的稀有鳥類。北疆也是以鳥類而知名。賞鳥族如果沒有去過北疆觀鳥，就好像是一個聖徒，沒有到過聖保祿大教堂一樣，沒有完整的紀錄。

▲ 澳洲北疆奇景－紅蓮逢雨季才開

(四)北疆名菜

在北疆，還有兩種「名菜」，一般人是很少有機會吃到的。一種是鱷魚排，另一種則是水牛牛肉排。鱷魚排味道鮮美，肉質細嫩，烤起來特別香，吃起來口感十足。如果不告知，還以為是吃鮮嫩牛排。水牛是北疆的野生動物，要是牠發起牛脾氣，比一隻老虎還要嚇人，因此，導遊在帶遊客經過水牛群時，都不讓遊客下車攝影，以免發生意外。水牛肉牛排以戶外燒烤較佳，住在北疆的人，常以夜間戶外烤水牛肉牛排饗客，水牛肉牛排是以咬勁取勝，嚼水牛肉牛排，好比去土雞城吃在田野裡長大的土雞，鮮而有勁。

澳洲是一個已開發的觀光國家，但在北疆還可以領略到原始野

味風光。從觀光地理角度來看，堪稱一絕。

第五節　澳洲特殊景點和飲食文化

澳洲有別於歐洲和美洲，與非洲也不同。雖靠近亞洲，但白澳政策，把澳洲自絕於亞洲之外，可以說是孤懸於印度洋與太平洋之間的大島。因此，其觀光景點，自成一格，為觀光地理版圖中的「異類」。

一、特殊景點

現在按照英文字母，分別介紹澳洲的特殊景點：

(一)阿希姆高地（Arnhiem Plateau）

位在澳洲北疆上端，不但是土著視為生命之泉的聖地，同時也是各類金屬的寶藏庫，其中以金、銀、銅、鎂和錫等最為豐富，除此之外，該區含有大量的鈾礦。

阿希姆高地的峭壁上，鑿滿了土著的神話圖案，每一個圖案，都有特別的含義，可以說是研究澳洲土著文明的豐沛資源。

阿希姆高地最吸引人之處是，每當雨季來臨時，大約有一千五百公厘的雨量降落在這塊高地上，於是，大大小小的瀑布好像在一夜之間如魔術般變化出來，遠遠望去有若仙境。因此，每年四至六月雨季過後的兩三個月之間，是最好的觀光季節。數以千計的候鳥、一片又一片的清新出水的荷花以及其它稀有的奇花異草，都利用這短暫時光爭先恐後急著出來與世人見面，等到乾旱季節來臨，

隨著候鳥群散去，花花草草的生命，也走到凋零的終點。等到來年的雨季，再重顯生命的光輝。

(二)愛爾斯岩（Ayers Rock）

詳見本章第四節。

(三)藍湖（Blue Lake）

藍湖位在南澳省甘比爾山城（Mt. Gambier），是火山口形成的湖。夏天時湖水呈現出碧藍色，可是到了冬天，顏色又轉變成毫無生氣的死灰色。時至今日，科學家仍然找不出它顏色轉變的原因。

藍湖的另外一個特色是，沒有任何河水流入，本身的水是從地底源源流出，有利於四周的灌溉。甘比爾山城的百姓將藍湖藝術化，繞著湖的公路風景優美，是觀光的景點。甘比爾湖一種名叫「甘比爾石頭」（Gambier Stone）的次級玉石，是一種新生代的礦石，本質脆弱易碎，但卻是上好的建材裝飾品。再者，石頭的本身有非常多的細孔，有極大的吸水作用。這也是藍湖不需要外流而本身有水的主要原因。

(四)藍山（Blue Mountains）

已在本章第一節介紹。其中值得一提的是，藍山又名三姐妹山（The Three Sisters'），原因是在藍山心臟地帶有三個由砂石組成的山峰聳然而立，遠遠望去，有若三姐妹攜手眺望美景，或者是等待情郎歸來。一八一三年有三名探險家－Blaxland、Lanson和Wentworth完成跨越藍山壯舉前，發現這三個山峰，於是命之為三姐妹山，以增加浪漫氣氛。

(五)魔鬼大理石（Devils Marbles）

在愛麗絲泉鎮北方約四百二十公里的地方，有一片由花崗石形成的巨石，個個狀如彈珠，煞是壯觀。

根據考古地質學家的考證顯示，上述堅硬如鋼的花崗石，原埋在地球內的心臟地帶，因地質的變化，終於出土。花崗石原本呈方塊狀，但出土後經千百年來的風吹雨打及日曬，花崗石也受不了大自然的「摧毀」，方塊形的菱角，終被削平而變成圓石。

時至今日，魔鬼日仍然受著大自然的腐蝕，最終會變成細塊，不過，地質學家證實，目前埋在地心下的花崗石（約十公里深），仍繼續作「出土」的掙扎，有朝一日終會重見天日，取代腐蝕殆盡的魔鬼大理石。不過，那將是千百年以後的事了。

(六)愛瑞湖（Lake Eyre）

愛瑞湖可以說是澳洲最大的湖泊；不過，以一個世紀而言，湖水只有一次或兩次是滿溢的，其餘時間是一整片的荒蕪之地。澳洲人常說，一生能看到愛瑞湖滿滿的湖水，是一件極不容易的事，更何況能看到兩次。

愛瑞湖最近一次溢滿，是發生在一九七四年。當水滿的時候，它的灌溉面積約有一萬八千四百平方公里，周圍樹本花草欣欣向榮，湖岸也成為鵜鶘（Pelican）群棲之地，水退之後，愛瑞湖的荒蕪面目再現。上個世紀愛瑞湖水溢滿另一次是出現在一九四九年。

不過，喜愛賽車的朋友，卻視乾枯的愛瑞湖為「天堂」，因為湖底一片沙鹽，地形平坦且一望無垠，是一塊不折不扣的賽車天堂。國際摩托車快手唐納・坎貝爾（Donald Campbell）於一九六四年在愛瑞湖創下時速六百四十八公里的紀錄，創下的紀錄，至今無

人能破。

(七)蓋基峽谷（Geikie Gorge）

爲西澳內陸的狹長淡水峽谷，長約十一公里，峽谷峭壁最高點只有九百公尺，河谷兩岸峭壁的石質是由粉紅色、灰色和白色的石灰石組成，故峭壁有若彩色三明治極爲好看。河水雖然是淡水，但卻有很多海水魚類如鯊魚、鱷魚、黃魚和劍魚在河內繁殖。經過科學們考證，千百萬年前，北疆仍是在海底，經過地質改變，北疆從海底冒起，仍有海水魚類留在河水低窪地，久而久之，這些魚類也習慣海水漸成淡水的生態，於是就爲北疆帶來和世界其他地方極不一樣的觀光景點。

(八)玻璃屋山（Glass Mountains）

一七七〇年，當英國探險家詹姆斯‧庫克（James Cook）在現今的昆士蘭省外海看見距離海岸內陸約二十公里的地方，整整排列著圓頂形、圓錐形和尖形的山峰奇景，讓他懷想起老家約克郡景象，於是他率領船員登陸，最後終於發現這塊奇特之土。因爲山峰有些形狀有如他家鄉的燈罩，靈感湧現便將之命名爲玻璃山。時至今日，玻璃山變成到布里斯本旅遊的熱門景點。

(九)葛蘭姆皮安山群（The Grampians）

葛蘭姆皮安山群是花卉和野生動物的天堂，它也是維多利亞省美麗的表徵。在諸多花卉之中，要以本土性的蘭花最爲耀眼，一共有一百多種，完全沒有經過外來品種的插枝栽培，維多利亞省的人也以此爲傲。澳洲政府是不准許外來植物進口的，維多利亞省把關更嚴。主要目的就是怕本土性純種蘭花的優質性遭到破壞。這塊百

花齊放的高地,除了以花為榮外,更是澳洲本土動物如袋鼠、樹熊、食蟻獸和鴨嘴獸等小動物的天堂。

葛蘭姆皮安山群,也棲息了兩百種以上的鳥類,加上八百種不同奇花異草,稱之為鳥語花香的天堂,並不為過。

(十)大堡礁 (Great Barrier Reef)

位在昆士蘭省外海,是由珊瑚水螅不分畫夜所建出來的最大產物。若以工程浩瀚相比,遠超埃及的金字塔和中國的萬里長城,因為珊瑚水螅是一種微小的動物,他們大約花了一千五百萬年的時間,才把這片長達二千公里的海底珊瑚礁層打造完成。大堡礁是澳洲最吸引遊人景點之一。

(十一)哈姆斯萊山脈 (Hamersley Range)

位於西澳省西北部,是現今世界最大的鐵礦區,就以該區 Pilbara 一地而言,就有三萬三千噸的鐵礦蘊藏量。目前世界上的鐵砂,大約有百分之十是來自澳洲。

(十二)傑諾蘭洞穴 (Jenolan Cave)

地處於雪梨市西部,如果開車到藍山,一定會經過這個獨一無二的美麗洞穴。很多觀光客,即使是澳洲人,都會把傑諾蘭洞穴和藍山連在一起,排成三天兩夜遊的豐富節目。

當遊人開車進入傑諾蘭洞穴外圍時,都必須停車而徒步走進洞穴景點,在未到達洞穴之前,遊人可以看到色如藍天的藍水湖,最奇妙的是,不少黑天鵝徜徉在湖水間,其優悠自得的樣子,好像是在跳天鵝湖芭蕾舞,也好像是在迎賓。

走過藍湖之後,就進入傑諾蘭洞穴大門,然後由導遊帶著遊客

一步又一步慢慢往下走入洞穴的「正廳」（Grand Arch），遊客們會立即被其雄偉氣勢所震懾。「正廳」之內分很多側廳，其中最有名的叫皇城（Imperial City）包廂、巴爾神殿（Temple of Baal）、赫克力士柱石（Pillar of Hercules）以及流水淙淙的河水洞穴（River Caves）。這些天然而成的奇景，讓傑諾蘭洞穴變成澳洲的唯一洞穴奇觀。

(十三)穆瑞河（Murray River）

穆瑞河是澳洲最長的河流，上源從雪山山群（Snowy Mts.）開始，流經新南威爾斯州、維多利亞省，然後再從南澳出海，全長兩千五百七十公里，如果加上支流，其灌溉面積約有一百萬平方公里，為法國領土的兩倍。不過，實際而言，能夠受灌溉的面積並不是那麼大，主要原因是澳洲天氣乾燥，且太陽熱力十足，河水支流的末端，還沒有發生灌溉作用之前，就被蒸發掉了。因此，穆瑞河雖長，卻沒有川行之利，自然也就不會像歐、美的長河，留下許多浪漫故事和百聽不厭而令人盪氣迴腸的歌聲。

(十四)奧加斯群岩（The Olgas）

請見本章第四節。

(十五)坎貝爾港（Port Campbell）

位於維多利亞省首府墨爾本以南，夏季時節的確是一個觀看土地對抗海浪的鬥爭場地。大約在日落前兩小時，坎貝爾港外的石層海岸，經過太陽的反射，呈現出一片金黃色，就好像是一個身著黃金鎧甲的武士，獨自一人站在海邊，對抗來自南極風吹來的千層浪花，無止無休。海水捲起的千堆雪似的巨浪打到武士的身上，一波

接一波,煞是壯觀好看。落日餘暉將盡,天色也成陰暗,海水的波
濤變得更為寒冷而凜烈,仍然無情撞擊到它的身上。

根據地質學家考證,千萬年前,坎貝爾海岸由岩石組成,高達
一百公尺,而且周延整齊;可是,現在人們看到的海岸已是面目全
非。其所呈現的海岸是凹凸不整的圖形,不自然的排列卻有另一種
美。澳洲的地質學家說,終有一天,這條長達三十二公里的海岸線
終會失守而消失在無情的海浪中。

(十六)輝綠岩峭壁（Precipitous Bluff）

在澳洲外島塔斯曼尼亞省中央,有一塊高達一一二〇公尺玄武
石山峰,從遠望去有若直達天庭的垂立天柱,極為壯觀。這塊墨綠
岩峭壁也成為塔省的地標。由於每年可以吸取三千公厘的雨水,因
而峭壁四周,有不少湖泊和小流,自然成為花草樹木和野生物及候
鳥的棲息地。在翠綠一片的樹林地裡,突然冒出一塊墨綠巨石為塔
省增加了一個特殊景點。

(十七)湯姆生大沙漠（Thomson's Dessert）

詳見本章第四節。

(十八)碎石沙漠（Stony Dessert）

位湯姆森大沙漠以南,地處南澳省出現了一片廣達三萬五千平
方公里的碎石沙漠,每塊石頭大約有三十公分大小,把澳洲的中原
變成不毛之地。根據地質學家考證,他們曾在小石塊堆裡發現含有
樹葉和木頭的化石,據推斷,大約大一億年前,碎石沙漠曾有水源
而養活過植物,只不過是往後的日子氣候改變,雨水缺少,土地也
就荒蕪不堪。時至今日,碎石沙漠地區每年吸收不到一二五公厘的

亞澳紐非觀光地理

雨水，碎石沙漠的形成，也是其來有自。

(十九)浪石（Wave Rock）

參見本章第三節。

(二十)狼溪火山口（Wolf Creek Crater）

狼溪火山口的巨洞，並不是因為火山爆發而形成，它是因為來自太空的殞石落地撞擊而成。這並非科幻小說的描述，而是發生在西元前四千元，有一顆彗星從天外降落到西澳省西部的大沙漠上而形成的一個二點五公里長（直徑）長，深度有二十五層樓高的火山口，因而有人稱之為狼溪殞石火山口（Wolf Creek Meteorite Crater）。

從上述景點觀之，可見澳洲風光自成一格。澳洲的風光如此，飲食文化又怎能例外，接下來將介紹澳洲的飲食文化。

二、獨特的飲食文化

(一)多元的飲食文化

嚴格講起來，澳洲在執行「白澳政策」時代裡，沒有所謂的飲食文化；澳洲的紅、白葡萄酒只內鎖在一個封閉的社會裡，世界其它地方的人，根本不知道澳洲是一個出產葡萄美酒的國家。

從一九七○年代開始，白澳政策已成明日黃花，因而亞太地區的移民，特別是大英國協的移民特別多，再加上香港回歸日近，香港人移民澳洲，也蔚然成風。移民增加了，他們對當地社會的第一個衝擊是，徹底改變本土居民的飲食習慣。

澳洲是一個海產豐富的國家，但澳洲人不懂得如何烹調海鮮。來自英國的傳統海鮮料理，不外是炸魚和薯條（Fish & Chips），或者是一些冰凍的魚排。澳洲新鮮龍蝦、鮑魚、生蠔、干貝及各種蝦類和魚類，在澳洲人眼裡，算是「野生海鮮」，不合胃口，也不衛生。至於鮮嫩的牛肉和羊肉，在他們大火烘烤或水煮之下，再好的料理，也索然無味了。

隨著海外移民的增加，澳洲的飲食文化有革命性的變化。首先，移民的館子多了，例如義大利、黎巴嫩、希臘、印度、馬來、日本、韓國、越南和香港，雨後春筍般在澳洲各大城出現，其中以雪梨和墨爾本最多。上述館子所用的材料，也比傳統的澳洲館子好得多。而這些館子，多數開設在移民區集中的地方，從館子的多寡，就可以看出移民的分布。九十年代的澳洲飲食，也可以說是多元性發展。特別是年輕一代的亞洲移民，他們發明一種新式料理命名為 "Asian Fusion Food"，也就是說，把亞洲的調理方法溶入西方的烹調技巧而又不失本身的特性。這種合璧式的料理，到了九○年代末期，成為一種流風，也是一種時尚。

(二) 葡萄酒的拓展

澳洲本來就出好的葡萄酒，只不過是酒莊經營手法保守，沒有注意海外市場，以為酒夠自己人喝就好了。從八○年代開始，亞太市場的購買力形成一股新興勢力，葡萄酒也廣受這的龐大經濟實力的重視，於是，澳洲的酒商也紛紛拓展海外市場，喝澳洲的葡萄酒也變成亞太地區年輕享受主義者的愛好。

現在的澳洲已不再是一個保守的大陸，發展觀光，讓澳洲人的眼光視野開闊，以往那種井底蛙的自大偏見，也隨著一波又一波的移民潮和觀光潮而流失。

一九五六年墨爾本世運並沒有改變澳洲人的視野，二〇〇〇年的雪梨世運，卻把澳洲塑造成一個多元觀光和多元飲食的大國。

Travel Tip

奧運帶來的商機

前澳洲首相保羅‧基廷（Paul Keeting）在一九九〇年代中葉，率領了一個龐大的遊說團前往瑞士洛桑，主要目的是爭取主辦西元二〇〇〇年的雪梨奧運。基廷有鑑於一九八四年的洛城世運，有若辦觀光旅遊推展的嘉年華會，為美國帶來無限觀光商機。而他認為，一九五六年的墨爾本世運是一個推廣失敗的奧運會。

雪梨，最後在五個世界大城中脫穎而出，取得西元二〇〇〇年的主辦權。基廷師法洛城世運的經營手法，並任命頂尖澳洲公關公司為雪梨打造成一個多元文化的大城，在這個多元文化項目之中，飲食文化列為首要。

二〇〇〇年初，雪梨城郊各處，頓然之間變成美食小鎮，等到奧運進行期間，達到高峰。從世界各地湧入的觀光客，除了欣賞體育競爭項目之外，就是到雪梨近郊各遍地嚐美食，澳洲的葡萄酒廠雖然早有準備，但也有供不應求之勢。於是，鄰近的紐西蘭葡萄酒也乘虛而入，搭上雪梨世運的順風車，打響了紐西蘭葡萄酒的名號。

雪梨的飲食文化經過二〇〇〇世運的洗禮，它的境界又再一次的提升。現今澳洲的美食，也可望踏入世界美食殿堂。

第八章　紐西蘭

TWIN COAST
DISCOVERY HIGHWAY
雙子海岸探索公路

NORTH ISLAND北島

AUCKLAND
奧克蘭城

PACIFIC COAST HIGHWAY
太平洋海岸公路

ROTORUA
羅托魯瓦

WAITAMO CAVES
維多摩螢火蟲洞

LAKE TAUPO陶波湖

TAUPO陶波城

THERMAL EXPLORER
HIGHWAY地熱觀光公路

NAPIER
內皮爾

CLASSIC NEW ZEALAND
WINE TRAIL
紐西蘭經典葡萄酒之路

COOK STRAIT
庫克海峽

WELLINGTON
威靈頓

MARLBOROUGH
馬爾堡葡萄丘陵地

LEWIS PASS
路易斯險隘

ARTHUR'S PASS
亞瑟險隘

MT. COOK
庫克山

CHRISTCHIURCH
基督城

SOUTHERN ALPS
南阿爾卑斯山

SOUTH ISLAND南島

MILFORD SOUND
米爾福特山峽灣

ORD ICELAND
峽灣與冰原

QUEENS
TOWN
女皇鎮

DUNEDIN
杜尼丁城

第一節　豐沛的觀光資源

　　紐西蘭得天獨厚，以天府之國來形容，最為恰當不過。紐西蘭由北、南兩個大島組成，其周圍小島無數，因而紐西蘭引以為傲的說，紐西蘭是世界上海岸線最長的國家。如果將小島加起來，這句話說得也沒錯。

　　到紐西蘭觀光，最好是採用自助旅遊方式遊玩。從觀光地理上的角度來看，紐西蘭是一個自由而舒適的國家，觀光客可以放心租車四處遊玩。紐西蘭人常對外來的觀光客說，你們開車不用耽心會撞到人，而是怕撞到羊。紐西蘭人口和羊的數量相比，是一與二十四之比。換言之，每一個人擁有二十四頭羊，紐西蘭人說的幽默話，並沒有一點誇大。在紐西蘭開車，常常會碰到羊群擋路，車讓羊也是紐西蘭的特色，因而獲得另一個封號：「羊群之地」。

　　紐西蘭的風景是多樣化的，有冰河、高山、森林、湖泊、安靜的海灘、清新的空氣和青翠草木的牧場，都是休閒旅遊的好去處。

　　紐西蘭是一個多山的國家，全國超過三千公尺高的山峰共有二十座，其中以庫克山峰最高為三千七百六十五尺，這二十個山峰都是賜給登山者的禮物。紐西蘭不但是釣者的天堂，也是賞鳥者的天堂。就以北南二島湖泊和溪流加起來而言，就有四十二處適合釣魚的場地，而賞鳥景點共有二十七處之多。釣場和觀鳥區的範圍極廣，絕對不是一般普通的地方。

第二節　北島景觀

一、北島觀光公路

　　從觀光地理的角度來看紐西蘭，應從北島講起，誠如前文所言，到紐西蘭觀光，最好是自己開車，這樣才能領略北島的風光情趣。

(一)雙子海岸探索公路

　　在北島，一共有四條路可以讓遊人開車玩樂。第一條是以紐國首府奧克蘭城（Auckland）為中心，往東或西兩個方向開，因為這條路是沿著北島的北島平原建築，不論朝那個方向開，最後還是回到奧克蘭城，這條公路名為「雙子海岸探索公路」（Twin Coast Discovery Highway），因為遊客每次回來，都會發現一些景點，是他們以前從未到過的。東海岸以美麗海灘取勝，西海岸則是以海景與原始森林景觀著稱。

(二)地熱觀光公路

　　第二條是從首府奧克蘭城往南開到北島南邊的大城內皮爾（Napier），這條路名為「地熱觀光公路」（Thermal Explorer Highway），是沿北島中央高地建造的，這條路山景極美，尤其是春秋之際，豔花成海，楓紅成林，是紐西蘭的絕色。除此之外，這條路經過溫泉聖地羅托魯瓦城（Rotorua）、螢火蟲洞（Waitomo

Caves）和陶波湖（Lake Taupo）。

(三)太平洋海岸公路

　　第三條是太平洋海岸公路（Pacific Coast Highway），從奧克蘭開始，沿太平洋海岸走而止於內皮爾城。這段公路可以沿途欣賞卡羅曼德爾（Coromandel）的海灘與森林，然後經過豐盛灣（Bay of Plenty）安靜恬適的農莊。如果有興趣的話，還可以留在農莊小住一夜，欣賞紐西蘭的田園美景。過了豐盛灣之後，公路進入崎嶇多變地帶，開車的人要特別小心，不要因為欣賞風景而大意開車。這段曲折的公路到達東角（East Cape）頂端之後轉為平順。公路的終點是裝飾藝術城內皮爾。

(四)紐西蘭經典葡萄酒之路

　　第四條是「紐西蘭經典葡萄酒之路」（Classic New Zealand Wine Trail）。紐西蘭的葡萄酒是從一九九〇年代開始，才慢慢培養出紐西蘭特色的葡萄酒，為了要推廣，因而開闢這條酒莊路線，從內皮爾到首府威靈頓（Wellington）把全國百分之七十的葡萄酒產區連成一線，其中包括有名的酒莊如霍克灣（Hawke's Bay）馬丁堡（Martinborough）以及葛莉斯頓（Gladstone）等，都是經典路線首選。其中值得一提的是，葛莉斯頓城也是一個風景如畫的酒莊城。

二、北島觀光景點

(一)維多摩洞穴

　　紐西蘭的美麗風光，多數集中在南島；不過，在北島，除了唯一大城奧克蘭可以觀光外，還有兩處特別風景區是值得一去的。一個是維多摩洞穴（Waitomo Caves），另一處則是羅托魯瓦溫泉（Rotorua Thermal Reserve）。

　　維多摩洞穴，又稱螢火蟲洞穴，如果不是親身體驗，實在不知道造物者的神奇。維多摩洞穴是在十九世紀偶然被人發現。不過，在眾多洞穴中，只有一處可以稱為螢火蟲洞穴，其餘各處均為鐘乳石岩，進入參觀，驚險有餘，精彩不足。進入螢火洞前，導遊一再叮嚀遊人，不許張聲喧嚷，不許閃光燈拍照。螢火蟲洞內的交通是木筏，而不是徒步。一條木筏可坐十人左右，木筏前有一名嚮導，後有一人操舟。當乘客們坐好之後，操舟大漢慢慢搖櫓，經過一兩個轉折之後，洞內光線自然消失，可以說是伸手不見五指。可是，奇妙的事隨即發生。大約是到了第三個轉折，木筏就好像進入銀河系裡，舉目張望，只見數千萬星星懸在空際，其密集程度，有如天際銀河，煞是奇妙與壯觀。遊人們在驚嘆之餘，只聽見潺潺水聲，又讓人感到數不盡的螢火蟲在上空飛舞，從牠們身上發出來的亮光，為木筏指引一條明路。等到螢火蟲光盡，或者看不見熠熠繁星時，也是遊程的終點。出了石洞之後，導遊才向遊人解謎。原來，懸在洞頂上的亮晶體，不是螢火蟲，而是一種「發光蚊蚋」（Glow Worm），牠們的生命非常短暫。人們肉眼所看到的亮光，其實已是牠們的屍體。這種發亮的蚊蚋在一經交配之後，也就是生命的盡

▲ 紐西蘭螢火蟲洞。螢火蟲洞內的藍光是螢火蟲成蟲，一種發光蚊蚋，在生命將盡時所發出的光。

頭。至於牠們從何而來，為何只有在一個洞穴裡，至今仍然是一個謎。

(二)羅托魯瓦鎮

羅托魯瓦溫泉也是十分別緻的溫泉泡湯休閒地。「羅托魯瓦」是毛利人的土語，即死火山之義。羅托魯瓦是北島最高的山。由於羅托魯瓦山附近有大量的溫泉，羅托魯瓦鎮也因而形成。它至今已是國際有名的洗溫泉名勝地。

在羅托魯瓦泡溫泉，除了旅館之外，另外還有一間巨型的溫泉中心，到那裡泡溫泉特別過癮。最有意思的是，個別溫泉室是露天

的，但設計特殊，即使在室內泡溫泉，外面的人根本看不見。到個
別溫泉洗澡，不需要耽心別人「窺伺」，因為它的造型，就是讓溫
泉裡的人只能看到天，而外面的人也無從「張眼內望」。溫泉水質
特佳且潤滑，沐浴之後，確有滑水洗凝脂之感。

在羅托魯瓦鎮還有一個值得參觀的地方，名叫彩虹泉。由於泉
水的中、下游彩虹鱒魚（Rainbow Trouts）遍布其間，彩虹泉因而
得名。彩虹溪水不深且清可見底，看到彩虹鱒魚悠游其間，那種怡
然自得的情境，真會讓人興起一種何苦終日忙忙碌碌之感。

第三節　南島景觀

一、鬼斧神工的自然景觀

(一)群峰與石原

北島的太平洋海岸公路，也就是一號公路，到達威靈頓之後，
北島的路程完全結束。開車旅遊的遊客可以隨車搭乘渡輪到達南
島，再隨一號公路沿著太平洋海岸線往南開，最終目的可以達到紐
西蘭人引以為傲的米爾福德峽灣（Melford Sound）。

紐西蘭的南島又稱南半球的瑞士，不過，這是以群山峰而言，
如果加上太平洋沿岸的峽灣和中部的廣大石原，那麼，紐西蘭的南
島又比瑞士壯麗多了。舉世聞名的「魔戒三部曲」（The Lords of
The Rings）的外景，全部都在南島實地拍攝，看過此電影的觀
眾，相信對遼闊石原的奇詭景色會留下深刻印象，這些景色，在瑞

▲ 紐西蘭世外桃源－米爾福特峽灣，有南半球瑞士的美譽

士都是看不到的。

(二)路易斯險隘與亞瑟險隘

在紐西蘭南島，有兩條險隘非常有名，一條是路易斯險隘（Lewis Pass），另一條則是亞瑟險隘（Arthur's Pass），因為很多風景名勝區都要經過這兩條險隘才能進入，它們之所以用人為名，就

是要紀念他們冒險犯難的精神打通了隘口，為後人開了一條通碻。

路易斯險隘位在南島上端，從南島西端格雷茅斯城（Greymouth）沿內陸公路開行，車程兩小時即可到達路易斯險隘，過了狹窄的險隘後，即可登上風景絕佳的高山度假勝地馬魯依亞溫泉（Maruia Springs）和漢穆溫泉（Hanmer Springs），這兩個地方的溫泉景緻和羅托魯瓦溫泉大異其趣。前者是帶有原野氣息的，後者則是用文明方式泡湯。

亞瑟險隘是南島基督城前往西海岸必經之路。雖然紐西蘭從未發生過戰事，但它也是兵家必爭之地。沿途風景崎嶇雄偉，幾乎每一處都是攝影家的好題材。有一些歷經亞瑟險隘遊玩歸來的觀光客打趣說，即使是一個不會攝影的人，到了險隘附近的挺拔高山和遼闊原野，加上長青的原始松柏，也會拍得一流水準的風景照片。

南島的主要公路幹線多分布在太平洋海岸。因為西部海岸有南阿爾卑斯山山脈（Southern Alps）相阻，都是以峽灣取勝，不利公路車行。紐西蘭的半冰原地帶也集中南島底端的西南部，是冰原冒險家的天堂。南島不但是一般觀光客的天堂，同時也是攀山者和生態旅遊者的天堂。

二、南島觀光景點

(一)基督城

紐西蘭南島和風光景點多集中在太平洋沿岸，西部則是以峽谷和半冰原取勝。南島第一大城基督城（Christchurch）不但是南半球最美的花園城市之一，而且也是世界第一座花園城鎮。基督城之所以美，主要是因為有一條千迴百轉的艾文河（Avon River）。兩

岸的垂柳葉子和岸邊小花瓣，常會隨著河水逐流，好像是一條流轉的彩帶，來自天的這一方而又流向天的那一方。英國人來到基督城看到雋美的艾文河水，會讓他們感覺到是在英國的康橋或莎翁故居史特拉福德鎮（Stratford）；美國人會覺得來到東海的美麗小城；基督城的艾文河會讓義大利人覺得他們回到了威尼斯，因為艾文河上也有威尼斯的狹長小船（Gondola）。在艾文河上坐一人撐櫓的長舟，也是一種享受，因為船夫都很有素養，談吐溫文儒雅，如果碰到乘舟的是一對情侶，他還會哼一兩首情歌，浪漫氣氛不輸給威尼斯的小舟。

　　艾文河雖然稱之為河，但只能用「細水流長」來形容，沒有壯闊的河面，也沒有波濤，是一條寂靜的流水，遊客可以坐在岸兩旁

▲ 透過橋墩拍攝到的艾文河水倒影

欣賞戲水鴛鴦、灑脫自在的游魚、長及河面的拂水揚柳以及時宜的嬌嫩鮮花。艾文河有一個特色，其源頭不是來自高山，而是出自地下泉水。整條河千迴百轉圍繞著基督城的市區，為基督城平添不少生氣。

(二)皇后鎮

南島的另一個大城是皇后鎮，城雖以女皇之名冠之但卻充滿原野豪邁之美。當地居民常用驕傲的語調對遊客們說，在他們的詞彙裡，從來沒有「枯燥」(Boring)這個字。冬天可以滑雪，夏天可以嘗試連心都會跳出來的「高空彈跳」(Bungy Jumping)以及春秋兩季的激流泛舟，在在都說明了女皇鎮和原野結合的。

皇后鎮是處在南島盆地之內，四周被山脈圍繞，地勢依山面湖，因而才能提供動靜皆宜的活動，讓遊客樂此不疲。前者為高空彈跳、激流泛舟和高山滑雪，後者則是以釣魚而出名。皇后鎮附近的河和湖，都是垂釣的好場所。不過，如果要河裡釣魚，卻要穿特殊衣著走到河中心釣魚（水不深，也不太急），而不是站在河邊釣魚。皇后鎮有三種鱒魚：彩虹鱒魚(Rain Trout)、棕鮭(Brown Salmon)以及河鱒(River Trout)，由於魚兒眾多，隨時都可以釣到魚，可說是「釣魚者的天堂」。

(三)庫克山

庫克山(Mt. Cook)是南半球最高和最險的山，主峰終年積雪。攀登庫克山極具挑戰性，不過，庫克航空公司卻有一種登山特殊服務，讓非登山專家也有一瞻庫克山真面目的機會。庫克航空公司有很多小型飛機，可乘四至六名乘客。由基督城機場起飛，然後向庫克山高峰飛行，在半山腰的地方，有一大片平坦的天然機場，

可供小型飛機升降。由於飛機輪胎有特殊設備，降落在雪上甚為安全。不過，庫克山常年躲在雲深不知處，如果遇到雲層封山，著陸庫克山峰的飛行只有取消了。據庫克航空公司人員透露，一年三百六十五天，大約只有五十天是順利起飛降落的（註：筆者曾有三次登山著不了陸的經驗。）。

(四)米爾福德峽灣

紐西蘭南島的米爾福德峽灣，是世外桃源之外桃源，也是南島最南端的奇景之一。從皇后鎮前往米爾福德峽灣有兩條路徑可走，一是搭乘遊覽或或自行駕車；另外一條是搭小型飛機穿越高峻的冰山而降落，最好的安排自然是兩者兼具。

米爾福德峽灣是躲藏在南島群山之外，乘車前往，要經過一段一邊是懸岩峭壁，一邊是深不見底的山溝，若以蘇花公路險峻之處與其相比，實有小巫見大巫之嘆！公路快到米爾福德峽灣前，要經過一條長約六百尺的地道，出了地道之後，最讓人驚嘆的是，想不到群山的背後，就是南極的外海邊緣。米爾福德峽灣奇景的形成，就是靠冰河時期的衝擊力，億萬年之後，米爾福特峽灣就好像是被一把利刃，從山中硬硬割開，遊客在搭乘遊船時，還可以看到冰河時期留下來的衝擊裂痕。

到米爾福德峽灣遊玩的主要交通工具是遊艇，坐在遊艇的平台上，舉目四望，都是高及瑤台的挺拔山峰，河道曲折，有若李白的詩所說：「山窮水盡疑無路，柳暗花明又一村」。米爾福德峽灣雖然沒有「又一村」的景色，但繞一折而現一奇景的絕色山水，卻另成一格。其與北歐的峽灣景色相比，絕不遜色。

第四節　紐西蘭的飲食文化

一、毛利大餐

　　紐西蘭的吃，最精彩之處是品嘗土著毛利人（Mari）的「毛利大餐」。紐、澳兩國都有原住民，以吃的文化而言，前者要比後者「進化」太多。

　　由於毛利人善於潛水捕捉鱔魚，因此，燻鱔不但是毛利人的佳餚美食，而且紐西蘭人也養成吃燻鱔的習慣。毛利人把鱔魚大量繁殖到湖泊、江河和小溪裡，一些肥鱔重達二十公斤，鱔魚可以說是吃之不盡、取之不盡。毛利人也性愛狩獵，時至今日，仍有射鴨季節。毛利人把獵捉到的鴨子經過處理後，然後塞進大蔥、麵包屑、草藥、牛油、鹽和胡椒做餡，先蒸後烤，等到鴨皮呈棕黃色狀即可享用。毛利人稱這種做法為「斑基」（Bangi），到紐西蘭絕不可錯過毛利人的野鴨宴。

二、殖民鵝

　　由於紐西蘭人是牧羊民族，紐西蘭人的好菜自是與羊有關。紐西蘭每一位家庭主婦的拿手絕活名菜叫「殖民鵝」（Colonial Goose）。菜的本身與鵝無關，是把一隻羊腿中間去骨，先加上大蔥、火腿肉、牛奶和草藥做餡，然後烤熟。由於羊腿切割之後很像一隻鵝，「殖民鵝」的雅號由是而來。這是紐西蘭主婦們引以為傲

的「國宴級」大菜，外邦人到紐西蘭家庭作客，都會嘗到這道好菜。

三、烤天鵝

除此之外，紐西人還有一道稀有大餐，名叫「烤天鵝」。這道菜源自日耳曼，後由日耳曼傳到英國，再由英國傳到紐西蘭。紐西蘭是從澳洲進口黑天鵝來作為「天鵝大餐」的主料，其烤天鵝的做法和八寶鴨近似，所不同的是，前者用火烤，後者用油炸。

四、葡萄酒

紐西蘭的紅、白葡萄酒，可以說是世界酒國中的新客，時至一九九○年代，紐西蘭酒商才鼓足勇氣，向世界進軍。其實，紐西蘭的經度和北半球的義大利近似，應該是產葡萄的好地方。其之所以落後許多，主要原因是受「澳紐一家」的思維影響，先天上認為，澳洲發展葡萄酒、紐西蘭人只要喝澳洲酒就可以了。喝酒的惰性，讓紐西蘭葡萄酒退後有半個世紀之久。

紐西蘭人自七○年代開始發展觀光之後，才慢慢覺得，沒有自主性的本土葡萄酒，在觀光文化推展上就好像先天上有了一點缺陷，不能夠整體展示出紐西蘭的觀光文化全面性。因而也開始自己種葡萄，生產紐西蘭特色的葡萄酒以擺脫澳洲的陰影。

上文提及，北島有一條經典葡萄酒之路，其實，到了南島的頂端，以尼爾遜（Nelson）城為主的馬爾堡（Marborough）一帶的丘陵地，也是栽種各種葡萄的黃金地帶。如果假以時日，紐西蘭葡萄酒也可以在新世界的酒國版圖中，占得一席之地。

Travel Tip

特色餐館

在紐西蘭皇后有一家名叫HMS Brittania的餐館，它的確與眾不同。內部的裝潢，完全是仿照古老的英國大帆船裝設。為了盡量和百年前的情景相吻合，店東特別到菲律賓收購古老的掛燈和其它古董，讓布置更富真實感。餐廳內用燭光照明，廳內燈火隱約，四周牆壁上掛了古代的盾牌、刀劍、古地圖、油畫以及有名的海戰寫實圖。餐館四周角落，堆滿繩索。服務人員打扮成海盜模樣，讓客人有置身「時光隧道」之感。

這家餐館，以海鮮而出名，特別是燻鮭、燻雞和燻鱔，是佐酒的開胃菜。至於扇貝、龍蝦、胎貝和活魚，應有盡有，廚師的烹調手藝也很高明。一頓晚餐下來，的確令人回味無窮。

碰到肉食的客人，這家餐館也提供道地的紅燜羊排，確是一絕。它的做法是把細嫩羊肉放在烤箱內燜，並加入番茄、洋蔥和大蒜為佐料，這是一道功夫菜。點羊排不要怕羊羶腥味，經過調理之後的羊排，只有香味而無羶腥味。

一九九〇年以前，這家餐館所用的葡萄酒，百之九十五以上是來自澳洲。二十一世紀之後，紐西蘭的紅、白葡萄酒，也慢慢地取代了澳洲酒了！

AFRICA
VACATION GETAWAYS

非洲篇

 第九章　非洲觀光地理概況

　　非洲讓觀光地理展開了新的一頁。六〇年代以前，非洲除了少數國家之外，其它地方分屬英、法、葡、荷及比利時等國。因此，那個時代的旅遊是單向的，只有宗主國的主人去屬地遊玩，旅遊是因主人而設，當地人士根本沒有觀光發言權。不過，話說回來，沒有當年的殖民地統治時代，也就沒有往後的非洲觀光地理可言了。

第一節　殖民地與黑暗非洲

一、殖民時代的開始

　　殖民地的非洲時代始於十五世紀，葡萄牙人發現西非海岸，但沒有深入探險的勇氣。他們到西非的主要目的，不外乎是看中奴隸交易。

　　公元一七九五年，法國探險家蒙哥・派克（Mungo Park）沿著尼日河逆流而上，爲法國人在西非奠下基礎。那一年，派克帶隊划船溯尼日河而上，進入內陸一千六百公里，不幸的是，他最後溺死河中，未完成征服尼日河的大志。但派克卻成爲日後冒險旅遊的先驅。

　　十八、十九世紀，都是歐洲人從各國不同的方向進入非洲的冒險時代，因爲沒有人知道廣大的非洲內陸是怎麼一回事。但是爲了利之所趨或是宗教狂熱，甚至是帝國擴張主義的思想，促使歐洲人一窩蜂擁入非洲，其中有一個人值得一提，大衛・李文斯頓（David Livingston）是一個蘇格蘭宗教狂熱份子，他先天的認知奴隸制度應該廢棄，並可以用其它貿易方式取代奴隸販賣。職事之

故，他在今日的辛巴布威，發現一個巨大瀑布，同時取名為維多利亞瀑布，以獻給維多利亞女王。當時，李文斯頓並不知道瀑布有多雄偉，等他去世半世紀之後，維多利亞瀑布名登觀光地理的精華，原來位居世界第二大瀑布。

李文斯頓也是南非辛巴西河（Zambesi River）的發現者，當他發現這條河之後，立刻告知英廷，隨後立刻獲得指示，看看是否有可能在辛巴西河沿岸種植棉花。若干年之後，棉田出現，為英國政府帶來龐大收入，而英國的棉紡織品原料也是來自南非。

當李文斯頓發現辛巴西河之後，他又開始冒險，試圖尋找尼羅河和剛果河的源頭。他在探索兩河的源頭中，無意和由中非往南下的英國另一探險家亨利・莫敦・史丹利爵士（Sir Henry Morton Stanley）在烏濟濟（Ujiji）作歷史性的相會，隨後兩人各為帝國版圖擴張而忙碌。李文斯頓一八七三年死於探險中東非洲的途中，而史丹利卻集中在中非一帶探險，兩人始終沒有再見面的機會。

二、殖民時代的結束

到一九六〇年代以後，非洲各殖民地紛紛從它們的宗主國中獲得獨立，非洲的國家也因而分成法語系統的非洲新興國和英語系統的非洲獨立國，其間也有少數的葡語和比利時語的獨立國家。

二十一世紀的非洲，再也不是殖民地時代的非洲，也脫離黑暗大陸的陰影，雖然非洲人的皮膚仍屬黑色，但是從觀光地理的眼光來看，卻是一顆明亮的黑珍珠，而這顆黑色明珠仍在不斷的擦拭，光芒愈來愈亮。

第二節　自然景觀與狩獵天堂

一、自然景觀

　　非洲的自然景觀有若一個萬花筒，變化是多樣化的。就好比是一個人手持萬花筒，只要是順手一搖，就會出現美麗的圖案，而每次手搖出來的圖案，永遠不一樣，是那樣的迷人，是那樣讓人痴痴的望著，從變化的圖案中，找出自己幻想中的樂園。

　　到非洲旅遊，有如看萬花筒，每次去一個地方，都會有不同的感應。即使是去同一個地，方每次的感觸同時空的對換而有所不同。它的景觀光永遠不讓人有索然無味（Boring）的感覺。

(一)植物與生態

　　非洲面積約有三千萬平方公里，是地球上僅次於亞洲的第二個大的大陸。赤道從非洲的中間橫切而過，因此，使非洲呈現不同的景觀，赤道以北的非洲和赤道以南的非洲景色迴異。而非洲的氣候也因緯度不同的關係呈現出各種不同自然景觀：靠近赤道兩端的區，有豐沛的熱帶雨林，為野獸和鳥類提供最好的休閒和繁殖區。過了赤道再往南北延伸，出現了世界稀有的大草原，也是非洲動物出沒之地，大草原之後接著而來的則是北部非洲有名的撒哈拉大沙漠。

　　南部的非洲雖然沒有浩瀚無涯的大沙漠，但是乾旱的土石地，也幾乎寸草不生。北非的端點，卻是和地中海相接壤，北非的摩爾

文化和埃及的尼羅河文明，都是拜地中海型氣候之賜，孕育人類最早的文明。南部非洲的極端，卻是印度洋和大西洋的交會點，隨著兩洋微盪的水花，產生出南非的花卉世界。而南非的最終點，也是世人稱之為世界的極端，卻是南極冰海動物如海獅、海豹和鯨魚的天堂。

大部分的中非洲地帶，都被熱帶雨林所涵蓋，是僅次於南美亞馬遜盆地的熱帶雨林區。其所涵蓋的國家包括甘比亞、卡麥隆、加彭、剛果和薩伊的一半。上述諸國內拜熱帶雨林之賜，也變成二十一世紀的熱帶雨林的冒險旅遊景點。

(二)河流

在世界著名的長河中，非洲就占了四條，包括尼羅河（The Nile）、薩伊河（剛果河）（Zaire, Congo）、尼日河（Niger）及辛巴西河，而這四條河流，不但提供風景如畫或驚險叢生的景點，也是打開非洲與外界的交通要道。由於非洲地形是中原高地而向外傾斜，河水也從中原而向外流，雖然形成了不少偉大的瀑布，卻沒有為非洲帶來優良的港口。因此，十八、十九世紀的歐洲冒險家們，都是從上述四條河流溯江而上，掀開非洲中原的神秘面紗。因此，長久以來，非洲的河流冒險，已成為一種探險家的時尚，也為日後的非洲開創了一個新局面。因為非洲的四十七個國家中，有十四個是內陸國，對外唯一通路只靠上述四條河流，也可以說是它們的生命線，也是非洲觀光地理中不可或缺的景點。

(三)高山

在非洲的東部，有三個挺拔不凡的高山，高度都達海拔四千五百公尺以上，如肯亞山（Mt. Kenya）高五千二百公尺，克里曼傑

羅山（Mt. Kilimanjaro）高五千八百九十五公尺和米魯山（MT. Meru）高四千五百五十五公尺，這三個高山為國家公園提供優美景點，也是好萊塢拍攝電影的最佳題裁。

(四)湖泊

非洲也有世界有名的淡水湖，第一個要算是馬拉威湖（Lake Malawi），涵蓋面積三萬零四十平方公里，長達六七六公里的坦噶尼喀湖（Lake Tanganyika）是世界上最長的湖，以及浩瀚如海的維多利亞湖（Lake Victoria），面積廣達七萬零四百八十四平方公里。這三個有名的湖，不但為彼等周邊國家提供生命的水源，也是鳥群的最佳棲息地，最重要的還有，為觀光地理提供寶貴資源。

二、狩獵天堂

(一)自然資源的耗竭

世界上各大動物園內的野獸，大約有一半以上是來自非洲，如果沒有非洲大陸的動物，其精彩度就不足以長期吸引遊客了。

約在百年前，非洲國家動物都是白人獵殺的目標，尤其是殖民主義者，他們獵殺動物視為殖民政府權利的一部分。獵取動物的標本，也變成十九世紀末到六○年代中葉的一種時尚，狩獵者的天堂也因而得名。

當非洲還沒有全面發展觀光的時候，狩獵變成唯一的觀光景點。不少歐洲的觀光團到達非洲，都是以狩獵為唯一的目的。二次大戰前，歐洲的貴族或是有錢的社會高階層份子，他們的喜好之一是，蒐集非洲的動物標本，如象牙、獅皮、豹皮以及各類騁馳在非

▲ 南非狩獵

洲原野的野生動物，都成為狩獵的紀念品，稀有鳥類的羽毛自然也是獵取的對象。除動物鳥類之外，非洲高原地區的稀有植物，也變成植物標本上炫耀之物。

　　由於狩獵者永無止境的濫殺非洲動物和濫採非洲的稀有植物，非洲整個大陸不再是狩獵者的天堂，而變成地獄般的屠場。稀有動植物面臨絕種的危機。

(二)保育觀念的興起

　　一九六○年代之後，非洲國家如雨後春筍般迅速獨立，他們有了自己的發言權。有一些有遠見的政治家，如東非肯亞的首任總統

肯亞達（Kenyatta）和他的繼承人丹尼爾‧毛伊（Daniel Moi）了
解到問題的嚴重性，肯亞政府在一九七七年宣布全面禁止在肯亞國
內獵殺動物，這項舉動，立刻獲得全球野生動物保護人士的喝采，
其它的東非國家，也紛紛效尤，非洲原野的野生動物也獲得喘息的
機會。

　　除此之外，聯合教科文組織也宣布全球禁止象牙和野生動物的
毛皮和器官以及稀有植物的販賣，切斷了買者和賣者的交易線。人
類進入二十一世紀之後，到非洲旅遊的人士，可以在大草原上欣賞
動物的奔馳、成千上萬的候鳥群在牠們的棲息水草區自由飛翔，瀕
臨絕種的野生植物，如長在肯亞山頂高達九尺的巨型花朵，又開始
在它物的原生地繁植。上述一連串的保育行動，幾乎是全球的一致
性的行動，非洲如此，非洲以外的地區亦不例外。

　　二十一世紀的非洲仍是狩獵者的天堂，不過，狩獵是有季節性
的，狩獵也有所限制。從觀光角度來看，非洲好像是一顆蒙塵已久
的明珠，現在已變成一顆閃亮的明珠。後續的章接將爲讀者介紹這
顆黑珍珠吸引遊客之景觀。

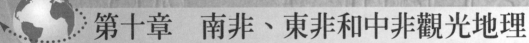

第十章　南非、東非和中非觀光地理

南非、東非與中非地圖

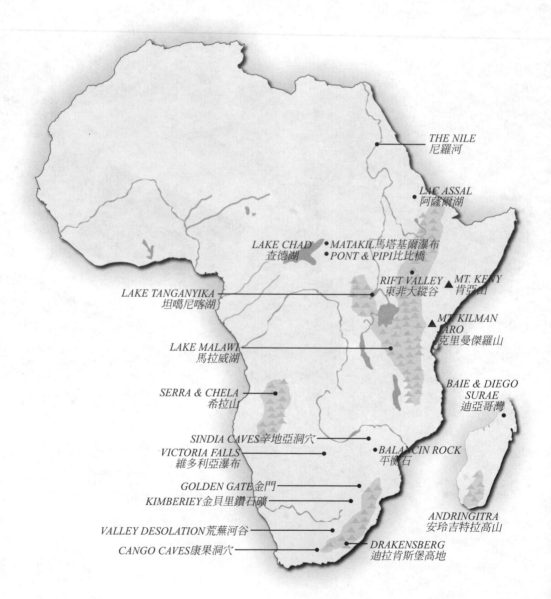

THE NILE
尼羅河

LAC ASSAL
阿薩爾湖

LAKE CHAD
查德湖

•MATAKIL馬塔基爾瀑布
•PONT & PIPI比比橋

RIFT VALLEY
東非大縱谷

▲ MT. KENY
肯亞山

LAKE TANGANYIKA
坦噶尼喀湖

▲ MT. KILMAN
ARO
克里曼傑羅山

LAKE MALAWI
馬拉威湖

BAIE & DIEGO
SURAE
迪亞哥灣

SERRA & CHELA
希拉山

SINDIA CAVES辛地亞洞穴

•BALANCIN ROCK
平衡石

VICTORIA FALLS
維多利亞瀑布

GOLDEN GATE金門

KIMBERIEY金貝里鑽石礦

ANDRINGITRA
安玲吉特拉高山

VALLEY DESOLATION荒蕪河谷

CANGO CAVES康果洞穴

DRAKENSBERG
迪拉肯斯堡高地

第一節　南非－彩虹國家

一、觀光特色

(一)多元文化與語言

　　南非是非洲大陸最奇特的國家，主要原因是國內包含眾多種族，例如黑人、白人、印度人、猶太人、華人、歐洲人以及非洲原住民等。各色人種形成各種獨特文化多元文化的燦爛色彩自然成為一個彩虹國家（Rainbow Country）。

　　南非的官方語言也有十一種之多，有人戲謔為「眾說紛紜」。不過，重要的官方語言還是以英語、阿非利堪斯語（Afrikanns）和祖魯語（Zulu）三種為主。阿非利堪斯語為法、德、義、荷等白人移居後，經歷代的通婚而結合的一種南非白人的專用語，早在英語之前就很流行。祖魯語是當地原住民祖先祖魯族人所用之語。至於其它語言，雖屬「官方」，也只不過限於部落區而已，出了部落之外，再也沒有人使用。

(二)四大地形特區

　　以地形分布情況而言，南非有四大地形特區：

1. 從西海岸Alexander Bay綿延直到東海岸的Kosi Bay的海岸地區，其中含沙漠和副熱帶森林。

2. 高山地區The Great Escarpment，由南非鄰國布思彎那

（Botswana）延伸過來，是屬高山岩石地帶。

3.半圓形的內陸高原地（High-Land）。

4.東北部的副熱帶低濕地，也是動物、鳥類、花卉的集中地，極富觀光價值。

(三)動植物樂園

南非公私立動物保護區共有八百五十座，面積約占全國陸地面積百分之六，提供遊客各式各樣的野生動物之旅。南非的豐富自然界資源，和世界其它各國相比，也是名列前茅。例如：

1.哺乳動物數量占世界的百分之六。

2.鳥類占全世界的百分之七。

3.珍貴植物的種類占全世界的百分之八，其中三分之一屬於仙人掌科。

在南非眾多的動物保護區中，要以克魯格國家公園（Kruger National Park）最吸引遊客。可以看到成群結隊的南非大象，來往於叢林草間；毫無阻礙的萬獸之王獅子；馳騁於大草原上數不清的斑馬；數以千計的飛躍羚羊；閃電般動作的花豹；連獅子都怕的南非野牛，以及受驚駭而驟然升空遮閉天日的鳥群。南非是最後一塊保護非洲野生動物的淨土，應不為過。

南非一共有五大野生動物，四種可以在陸地上看到，如萬獸之王的獅子；行蹤不定，有如獨行俠的花豹；叢林中的巨人－大象；叢林中瀕臨絕種的犀牛，以及溫馴的外表而隱藏著攻擊性本能的野牛。鯨魚，則是五大野生動物俱樂部的新會員，每年六月到十一月，是到南非最好的賞鯨季節，西開普省外海，就是最有名賞鯨地點。

▲　叢林中的獅子（南非－沙比‧沙比狩獵區）

　　從觀光地理上來看，南非不但擁有豐富的自然資源，而且還有等量齊觀的文化資產。南非不但是一個彩虹國家，而且也是一個彩虹觀光樂園。

二、南非九省特色景觀

　　從以上四個地形區來看，因為各具特色，使得南非九省也有其獨特景點，為觀光地理增加不少特別的景觀和吸引人的旅遊行程。現在把九個省的特點略述如下：

(一)東開普省（Eastern Cape）

自然景點主要集中在Kei River和Mtamvuna River之間長達二百八十公里的海岸線上。這條海岸線又稱之為荒野海岸（The Wild Coast）。由於岸邊的岩石終年受到海浪侵蝕，形成各種不同的海蝕地貌，其中以Hole In The Wall最為特別。在這條海岸線上的Jeffreys Bay，號稱衝浪者的天堂，吸引不少的遊客。

(二)自由省（Free State）

境內的美景主要分布在東半部，特別是金門高地國家公園（The Golden Gate Highlands National Park）最為雄偉。自由省北方的Qwa Qwa山是一個非常吸引人的景點，Qwa Qwa是土著的特別名稱，意思是說，「比白色更白」，主因是砂岩受長期風化所致。

(三)豪登省（Hauteng）

是從一望無際的草原到神奇的山洞所組成。南非最大的城約翰尼斯堡（Johannesburg）和首都普勒多利亞（Pretoria）都在這個省內。由於豪登省是以在灰岩地形為主，地下湖也十分有名。Wonder Cave最近被探險隊發現，讓世人知道南非又有一個大自然鬼斧神工的傑作和世人見面。

(四)卡祖魯納達爾省（Kwazulu-Natal）

有變化萬千的自然景觀，其中以位於南方海岸，令人懾服的奧立比峽谷（Oribi Gorge）為最。另外一個讓人嘆為觀止的景點是杜吉拉瀑布群（Tugela Falls）。瀑布發源於三十四公尺的高原河流，綿延兩公里，越過懸崖峭壁，自河谷傾瀉而下，注入平地。

(五)瑪普瑪蘭卡省（Mpumalanga）

這個省又名夢想中的樂園。因為省內由高原和濕熱的灌木叢低地兩種截然不同的自然景觀所構成，而阻隔在中間的是一座高達一四公尺的石英岩山壁。於是，由布來德河千萬年來的衝擊所形成的布來德河峽河（Blyde River Canyon）成為南非最壯觀的自然奇景。布來德河峽谷全長三十二公里，也是世界第三大峽谷。

(六)北省（North Province）

北省省內的豐富觀光資源是很少人知道的。省內的森林都是保護區，春天來臨時，山頭的雲霧逐漸散去，揭開壯麗的自然美景。森林區內有極具觀賞價值的羊齒科植物、黃木、尤加利樹及大片的松林樹，都是自然景觀的好去處。

(七)北開普省（Northern Cape）

是由大自然極端對比的地形組合而成，也因此反映大自然詭異奇特，桀傲不馴的一面，地形奇特一如月球表面，乾燥不毛且荒涼無比。不過，靠近海岸地區，第一陣春雨過後不久，數百萬的花朵完全綻放，蔚為奇觀。這就是名聞南非的Namaqualand神奇花海。

(八)西北省（North West Province）

又名沙漠中的綠洲。省內最有名的太陽城（Sun City），不但值得遊客觀光，同時更值得城市建築學術界人士或學子前往參觀。因為太陽城內的熱帶雨林、瀑布、湖、海等優美景觀完全是人造的，簡直令人難以置信。

(九)西開普省（Western Cape Province）

南非人說，在創世紀之初，西開普省是特別受到上帝眷顧的地方。西開普省蘊藏著許多珍貴的觀光資源，雄偉的山脈、臨海的峭壁、金色沙灘、奇花異草、壯麗美景，以及眾多的自然保護區，難怪會讓人用羨慕的口吻說是特別受到上帝眷顧。

三、開普半島（The Cape Peninsula）

開普半島是南非國土最南端，經過時間和大自然長期的雕琢，

▲ 南非開普敦城的野花

讓這個終年受海浪拍打的半島，成為英國探險家Sir Francis Drake形容的「地球上最美麗的海岬」。開普半島的地形以山脈為主幹，包括氣勢磅礴的桌山（The Table Mountain）。桌山所有植物的種類超過一千五百種，尤其以開花植物種類為最多，因而獲得「花卉王國」的美譽。

四、非洲南部諸國

(一)奈米比亞（Namibia）

奈米比亞位在西南非洲，可以說是遍地鑽石的沙漠之地。約在一九○八年時，仍屬德國殖民地。有一次，一位德籍工頭帶領一批土著在建造鐵路，有一位勞工在土地上挖到一顆「奇異的石頭」，他把石頭拿給工頭看，透過工頭的檢視，原來是一顆鑽石。於是，工頭告訴所有的勞工，只要能挖到「奇石」就有賞。讓工頭吃驚的是，每一個工人都拖著一包包的「奇石」來領賞。工頭問土人們為甚麼會有這麼多「奇石」？土著回答得妙，他們好像是在夜間，如雨般的從天下降下來。於是，德屬的奈米比亞出產鑽石的新聞，立刻傳遍歐洲。約在第一次世界大戰前後，約有五百萬克拉的鑽石，是來自這片寸草不生的沙漠地帶。時至今日，奈米比亞依然出產鑽石，可是民眾卻一貧如洗。鑽石和沙漠，早在三萬年前就注定了奈米比亞的命運。

奈米比亞在一九九○年代，脫離南非的託管而獨立。於是，納米比亞政府也效法其託管主人南非政府，大力發展觀光。奈米比亞海岸內受到來自南極冷流的影響卻變成魚類的繁殖地，為喜歡海釣的國際觀光客提供了一個天然好場地。

奈米比亞的南部有一塊讓人吃驚的觀光勝地－魚河峽谷（Fish River Canyon），爲九百尺深，六十公里長，峽谷內有溫泉，供遊客泡湯之用。在這條深長的峽谷裡，最引人注目的是，一隊又一隊的人猿像軍隊般出沒於深坑山壁間，還有一群又一群飛躍羚羊、斑馬和糜鹿等，均以此處爲家。即使是在奈米比亞鬧獨立期間的紛擾歲月裡，還有不少遊客到此一遊，主要目的就是要欣賞大自然的野生動物美景。

(二)波特斯灣那（Botswana）

是英國探險家李文斯頓探險和傳播天國福音路線，因而也世稱佈道之路（Missionary Road）。波斯特灣那也是鑽石出產地。該國在一九六六年獨立，除了鑽石之外，觀光狩獵是該國的第二大財源。波國的北方是卡凡哥河流域（Kavango River），是有名的沼澤地，自然變成野生動物和鳥類的天堂，同時也是以狩獵而知名。卡凡哥河沼澤地內的動物有非洲象、獅子、花豹、水牛、大羚羊（Waterbuck）、斑馬、鱷魚。如果是到了雨季，紅鶴（Flamingo）和鵜鶘（Pelican）以此爲家，爲沼澤地增添不少景觀。

(三)辛巴布威（Zimbabwe）

辛巴布威是一個風景優美的地方，過去的歷史，卻是一段坎坷不平的歲月。辛巴布威有豐富的礦藏和珍奇的野生動物，更有風景絕佳的觀光聖地－維多利亞瀑布和辛迪亞洞穴（Sindia Caves）。

辛巴布韋前身是羅德西亞，一九八○年從英國手中獲得獨立，從少數的白人政權變成一黨獨大的黑人政權。儘管獨立後的政局時處動盪不安，但是觀光卻是主要收入，觀光旅遊業蓬勃發展，每年吸收將近百萬國際觀光旅客。由於辛巴布威氣候宜人，觀光景點特

多，除了天然景觀外，還有野生動物和鳥群，也是非洲花豹和非洲鷹的老家。

到辛巴布威觀光，一定要到辛國東部高原地走一趟，是一個避暑勝地，早年殖民地留下的精緻別墅型建築依然為遊客提供服務。

(四)莫三比克（Mozambique）

東非的莫三比克和西非的安哥拉，往昔均是葡萄牙的殖民地。經過長達三十年的獨立戰爭，不但把葡萄牙的軍政權拖垮，一九七五年獲得獨立的莫三比克也沒有得到甚麼好處，唯一慶幸的事是，正式成為一個獨立國家。

▲ 南非大地落日景象雄偉

時至今日的莫三比克還是靠推銷老主人留下的殖民建設來招攬觀光客。由於文盲是該國最大敵人,發展觀光非得幾個世代不足以見功。

第二節　東非和中非景點

東非和中非包括的國家很多,但若從觀光角度來看,值得一提的國家並不多,現在依據它們在觀光地理上所占的地位,分別加以介紹。

一、馬達加斯加 (Madagascar)

馬達加斯加是印度洋最大的島嶼,也是世界第四大島,和非洲的莫三比克遙遙相對。從地質學家的考證中證實,馬達加斯加是從莫三比克分割出來的。

(一)安玲吉特拉高山山脈

安玲吉特拉高山 (Andringitra) 山脈在該島的東南部,因此,馬國的東南方全是高原地帶,山的北方是圓頂型的山丘,到了南部才看到直達天庭的高峰,最高達二千六百五十八公尺。山的西側則是巴比山脈,也是安玲吉特拉高山的精華區,屬於豐富的森林地帶。巴比山脈之東,則是雨樹林區,每年平降雨量高達二千公厘,豐沛的雨量,是雨樹繁茂的主因。安玲吉特拉山的低層地帶海拔平均一千公尺,是馬國蘭花的盛產地,馬國出口的蘭花,世界有名。由於馬達加斯加島從非洲大陸分裂出來,故在安玲吉特拉山脈內至

今仍保留在非洲已經絕種的原始動物。

(二)迪亞哥港

在馬達加斯加島之東，有一個有歷史價值的名港迪亞哥港（Baie de Diego-Suraez），是世界最有名的天然港。因為地形的關係，可以擋住來自印度洋的強風和海潮。十五世紀葡國航海家迪亞哥·迪亞士（Diego-Diaz）發現此一天然港，隨即變成葡萄牙帝國向印度洋及遠東占領殖民地的前進基地。葡萄牙帝國海上勢力式微後，迪亞哥港一度成為海盜出沒的基地。

目前，馬達加斯加政府把迪亞哥港及其附近地區建立成為觀光區。葡萄牙帝國時代的風華，又重新出現在世界第四大島上。（註：格陵蘭島、新幾內亞島和婆羅洲島名列世界前三大島）

二、吉布狄（Djibouti）

吉布狄位在東非之角，只有戰略地位，而無任何經濟價值，也是非洲最窮和最熱的國家。

不過，吉布狄境內卻有一個世界湖水最鹹的內陸湖－阿薩爾湖（Lake Assal）。湖水的鹹度是海水的十倍，因此有豐富的水晶礦（Calcite）、岩鹽（Halite）和石膏（Gypsum）。

阿薩爾湖本身並無水源，每年靠雨季來臨時的溪水注入，但雨季一過，經過太陽的蒸發加上一片鹽的吸收水分，日積月累，成為世界上最鹹的內陸湖。動物只要一下水，即會死亡。

三、烏干達（Uganda）

(一)卡特威

　　烏干達的卡特威（Katwe）是東非最美麗的風景區。就好像是一幅如詩、如畫般的田園風景圖，讓人不可思議的地方是，這些美景是在千萬年前由火山爆發之後所形成的。卡特威區內的卡特威湖，也是由火山口形成，火山爆發過後，火山口因受到千百萬年的雨水潺潺流入，因而變成風景絕美的湖泊。在烏干達的平原上，大概約有五十個由火山口形成的湖泊，它們都相互串連在一起，景色奇特壯觀。如果是由天空往下看，就好是一串閃爍發光的鑽石項鍊，有若上天賜給烏干達的「觀光禮物」。

(二)非洲的珍珠

　　由於火山爆發後留下來的灰燼，經過千百萬年來的雨水浸蝕，變成一片青蔥翠綠之地，可以說是非洲最肥沃的土地。英國前首相邱吉爾早年到烏干達視察，看到烏干達的如詩如畫般的風景，不禁脫口而出，稱讚烏干達是「非洲的珍珠」。

　　烏干達在未獨立之前是英國的保護國，而非殖民地。人民平均的教育水準（歐化教育）是非洲諸國中最高的。醫療保健一流、教育普及，原本是一片樂土，有若天堂。可惜的是，烏干達卻出現了一個獨裁者安敏，他統治烏干達雖然只有八年（1971-1979），但他一手摧毀了烏干達的一切，把非洲的珍珠砸得支離破碎。

　　安敏在一九七九年被逐出而流亡海外，但烏干達的美好日子一去不回。觀光，自然也就隨時光而去，往日的風光不再。

四、肯亞（Kenya）

(一)肯亞山峰

　　肯亞最引以為傲的是肯亞山峰（Mt. Kenya），有若天神坐臨在東非，讓人望而生敬。肯亞山的山峰雖然遭到腐蝕而有所短缺，但是肯亞山峰仍然是非洲群山中的巨人。依據東非土著基古佑族人（Kikuyu）的說法，肯亞山峰是聖地，因為基古佑族人的天神Ngai居在山頂上。

　　肯亞山海拔五千一百九十九公尺是非洲第二高山，但山峰形狀尖銳，有如獸齒。山峰終年終年積雪，目前仍留有冰河時代的遺跡。冰河時代約在一萬年前結束。

(二)野生動物天堂

　　肯亞的觀光最大吸引焦點是野生動物天堂，肯亞早在一九七七年就不許獵殺野生物。因此，肯亞的野生動物保留區或是國家公園，每年都吸引二十五萬觀光客前往觀光。肯亞境內的奴古魯湖（Nukuru）是火鶴的天堂，每當太陽線從平地升起，成千上萬的火鶴像受光線驚駭地從湖中清醒而往天空飛揚，造成世界罕見的動人畫面。

五、坦尚尼亞（Tanzania）

(一)吉力馬扎羅山

　　位在坦尚尼亞境內的吉力馬扎羅山（Mt. Kilmanjaro），是非洲境內最高的山，海拔五千八百九十五公尺，主峰終年積雪，是赤道非洲的奇觀。早年非洲還沒有觀光這類行業的時候，好萊塢常到非洲拍攝影片取景，吉力馬扎羅山的雄偉景觀，不知吸引多少影迷。在眾多影片中，要以雪山盟（The Snows of Kilimanjaro）最為叫座。除了雪景之外，馳奔在草原上的野生動物，令人嘆為觀止。好萊塢也為非洲的奇觀，做了最好的宣傳。（註：雪山盟是由葛萊哥利‧畢克（Gregory Peck）、愛娃‧嘉納（Ava Gardner）和蘇珊‧海華主演。）

　　吉力馬扎羅山包含三個火山口，最高的頂峰是基鮑（Kibo）山由中央山脈隆起，馬萬西山（Mawanz）在東，西拉山（Shira）在西，頂峰好像是一個圓頂，沒有尖峰，主要原因是火山爆發後並沒有硬的岩石留下，完全被溶漿摧毀，因而留下圓桌形平面，有若日本的富士山形狀。

(二)野生動物園

　　塔尚尼亞最吸引遊人的地方是，充滿了野生動物園。全國共有十七個野生動物保護園區，共占面積十萬平方公里。在園內的動物包括野象、犀牛、獅子、豹（Leopard）、野水牛、河馬、斑馬、長頸鹿、斑豹（Cheetah）、大羚羊（Eland）、中型羚羊（Impala）、非洲羚羊（Wildebeest）、疣豬（Warthhog）以及各類猴群。從以上諸

多動物來看，的確吸引遊客。

塔尙尼亞一共有四個有名的野生動物公園：

1. Serengeti Plain：位在克里曼傑羅山之西，長滿樹林和短灌木。河川交匯處最適合動物棲生，不過叢林內均以有刺的灌木洋槐（Acacia）爲主，不適徒步行走，乘車參觀較爲方便。

2. Ngorongoro Crater：是世界最高的野生動物集中區，在Serengeti之東，由於火山口形成的淡水湖，因而也是成千上萬候鳥最好棲息處。

3. Manyara Park：是世界上最大的野象集中區，地處塔山尼亞中部。

4. The Selous Game Reserve：是世界上最大的野生動物保護園區，總共面積五萬平方公里，占塔國全國保護園總面積之半。

(三)原始人遺址

一九六四年，英國考古學豪路易斯・李基（Louis Leaky）及其妻兒在Serengeti發現人類最早的屍體，依考據證實，它約在二百萬年以前誕生。他們另外在塔國的Konda地區，發現三萬年前的原始人在這個地方的石壁上鑿有狩獵及野獸的石刻圖。

坦尙尼亞是東非比較安定的社會主義國家，也可以說是英國在東非的各殖民地相繼獨立後的「灰姑娘」（Cinderella），和烏干達相比，有雲泥之別。同時也證實了「安定才是發展觀光的最佳保證」這句最簡單不過的話。

六、盧安達（Rwanda）

盧安達境內有一個有名的基伍湖（Kivu），為百萬年前因火山爆發而留下的火山洞口所積的雨水而形成的寧靜湖泊。湖泊四周樹木青翠、湖水清澈，由於火口山特多，其所形成的湖泊相依而成，遠遠望去，好像是由閃亮的珍珠串連起來的奇景。火山口湖多處在高原上，平均海拔二千五百到三千公尺，基伍湖是剛果河的源頭，源頭的水是由百萬年所積的雨水而非由雪山的雪水所溶化，可以說是自然奇景。

七、中非共和國（Central African Republic）

中非，顧名思義，是在非洲的中心地帶，被查德、蘇丹和薩伊三國包圍。中非共和國之北是由沙岩所組成，故形成不少河川。有些往東流而入尼羅河，住南流則溶入剛果河中，流往北的有一條支流則是從高原直瀉而下，形成有名的馬塔基爾（Matakil）瀑布，景色壯麗，是非洲僅次於維多利亞的第二大瀑布。瀑布四周長滿了花草樹木，構成一幅熱帶雨樹林公園。

中非共和國國內有三個有名的國家公園，該國的野生動物都集中在這三座公園內。

中非共和國內還有一個吸引人的風景區，名叫比比橋（Pipi Bridge）。它是自然形成，水流由巨大石塊下流過，形成自然的大橋。直到目前為止，沒有任何地質學家確實知道這條自然大橋是如何形成的。比較可靠的說法是，石塊下面的土壤是沙岩而上面的石塊則是花崗硬石。由於千萬年來水流不斷往下滲透，突然之間把地

層貫穿，花崗石留在上面變成橋面，水流則在下川流。

八、東非大縱谷（Rift Valley, East Africa）

東非大縱谷可以說是世界上最長的越洲縱谷，全長七千公里，從中東敘利亞到南非的莫三鼻克，由於地層變動，縱谷到了紅海下沈，紅海把非洲和中東割開，到了東非的衣索比亞之後，縱谷再現。

東非縱谷在非洲之東是衣索比亞，也是發現人類化骨的國家。衣國也是非洲最古老的王國。縱谷所經之地有草原和河流，是非洲的沃土。縱谷內有兩個有名的湖，分別是坦噶尼喀湖（Lake Tanganyika）和馬拉威湖（Lake Malawi）。非洲的野生動物和鳥類都靠縱谷內的水草維生，非洲人亦復如此。

 第十一章　西北非洲景點

西北非洲地圖

CHIKER CAVES
奇柯洞穴

CHARA CAVES
查拉洞穴

QUED AMOJJAR
乾涸峽谷

MT. AHAGGAR
阿哈格山

THE NILE
尼羅河

AIR 沙漠中的瑞士

GRAND ERG de BILMA
沙海

BANDIAGARA
斑迪亞加拉

NIGER RIVER
尼日河

LAKE CHAD
查德湖

BATEKE
貝迪克

CONGO RIVER
剛果河

第一節　各國景點

一、阿爾及利亞（Algeria）

　　阿國是西非大國，受回教影響，同時也是非洲第三大石油出產國，石油改變阿爾及利亞的命運。

　　在阿爾及利亞境內有一座被撒哈拉沙漠太陽焦烤的阿哈格山（Mt. Ahaggar），它是由一組非洲大陸最古老岩石組成，仍然是一座活火山。阿哈格山雖然長年受太陽曝曬，但並非不毛之地，在雨水集散地區有不少綠洲、棕櫚樹和開口笑樹是綠洲中的特產。阿哈格山最值得觀光的地方是岩石山壁鑿畫，畫中有羚羊、象和牛等。從諸多鑿畫中不難考證出百萬年前是一個繁榮的社會，只不過是往後沙漠形成，將其風華盛世淹沒。

　　阿哈格山最有名的景點是由三個岩漿石組成尖峰，直聳雲霄。地質學家認為，當火山爆發時，岩漿從缺口流下，因為山是由岩石組成，山峰並沒有被溶漿溶化，故兩個頂峰留了下來，讓後代的世人觀賞。

二、尼日（Niger）

　　尼日有一個有名的觀光勝地，名字叫Air，是德語，其意是說「沙漠中的瑞士」。Air風景絕佳，因為山區內有豐富的水資源，自古以來都有優良灌溉系統，因而贏得「沙漠中的瑞士」名號。由於

水源豐富，也因而集聚部落民族，最早可以遠溯到八千年前。

　　尼日國內的尼日河成W字母形狀，其所經之處有野生動物如象、獅子、野牛、羚羊。是非洲的自然景觀國家。

三、毛利塔尼亞（Mauritania）

　　毛利塔尼亞內有一個名叫阿摩加（Qued Amojjar）的老峽谷，把撒哈拉高原地砌成兩半，恆古以來，點滴雨水匯成的河川，把這塊沙漠地沖積成一條河谷，但自然的太陽威力又把河水蒸發，使它變成一條乾涸峽谷。觀光客到了峽谷內參觀時，很難想到點滴雨水匯成的龐大衝擊力，Qued Amojjar是阿拉伯語，其有「乾涸的峽谷」之意。

　　毛利塔尼亞是一塊屬於回教徒的地方，古代的摩爾人和非洲的黑人結合而構成濃厚摩爾文化，也為毛國的觀光事業加上一層宗教色彩。

四、馬利（Mali）

　　斑迪亞加拉（Bandiagara）是馬利國家風景區，是由平原間忽然隆起的一塊高地，看起來像是各種顏色夾起來的彩虹三明治，其實是由灰石岩組成。地質學家分析，大約在六百萬年前，斑迪亞加拉是風化石高原，因為長期受到地下水浸蝕的關係，忽然之間高原下沈而留下這塊風貌特殊的高地。

　　目前馬利所面臨的嚴重問題是乾旱非洲，也是靠近撒哈拉沙漠鄰近國家的共同問題。

五、剛果（前法屬）（Congo）

剛果首都布拉隆維爾是靠剛果河水爲生。剛果河把剛果一分爲二，一屬法國，另一屬比利時。六○年代獨立後，法屬剛果改名爲剛果共和國，比屬剛果改名爲薩伊。

在法屬剛果內的貝迪克（Bateke）高地，是非洲有名的青色高原，涵蓋面積有一萬三千平方公里，高原上遍布熱帶型青草，煞是壯觀。遊客到了高地之後，會驚嘆沙漠中有如此遼闊的草原。這片草原的長草，原本只長在乾旱地區，爲何會長在剛果河流域，科學們到現在也找不到答案。

剛果河的日落，景色絕美，尤其是剛果河流行的三人獨木舟在日落時在剛果河上划行，直把美麗寫活了。首都布拉薩維爾就在剛果河河岸上，以前法國留下來的文化，目前還保留著。

六、尼日和查德（Chad）

尼日和查德共同擁有一片並不值錢的湖（Grand Erg of Bilma），橫跨兩國，面積有紐西蘭北南兩島加起來的兩倍大。在沙漠中有一種名叫耳格（Erg）的小叢草，生長的距離有一定的規則，在沙漠內的遊牧民族或土著，都是靠它們來作爲求生的指南針。因爲可以隨著耳格草的「路線」行走到可以找到水源或部落民族。

查德是前法國殖民地，它是一個內鎖國家，大部分是沙漠地區。但是查德湖（Lake Chad）卻是該國生命之源。當雨季來臨時，查德湖的湖水四溢，可以擴張遠及撒哈拉沙漠，讓沙漠綠洲有

了生命力。可是，查德還是敵不過沙漠的擴張。根據統計，過去兩百萬年來，查德湖比原來面積少了百分之九十。儘管如此，查德湖的面積仍保留著一萬六千平方公里，是非洲第四大湖。

七、摩洛哥（Morocco）

查拉洞穴（Chara Caves）是摩洛哥最吸引遊人的勝地，位在摩洛哥山嶺下的一條山洞系統，可以貫穿整個北非。

查拉洞穴是由石灰石所組成，在石灰石崖下的小溪流日夜不停貫穿，把它變成非洲大陸最長的洞穴通道。不過，由於它的面積太過龐大，時至今日，還沒有一套有系統的遊覽地圖問世。遊客只能靠當地導遊在附近洞穴遊覽。查拉洞穴到底有多少進出口和多少洞穴，連摩洛哥政府也不知道。

摩洛哥還有一個出名的奇柯洞穴（Chiker Caves），是由上而下的流水所開鑿的洞穴，也是第一個用科學調查的洞穴。與其它的洞穴不同處，主要是山的層次由上而下，因而洞穴形成是衝擊式而非地下層式。奇柯洞穴由地中海岸往內陸延伸，長一百五十公里，寬二十公里，蘊藏著豐富的水資源，是摩洛哥的生命之泉。

摩洛哥是北非入口必經之地，猶留有濃厚摩爾文化色彩。北非的摩爾人在西元八世紀入侵西班牙建立摩爾王朝，故西班人至今仍有摩爾文化傳統。

摩洛哥地處大西洋和地中海交匯處，故氣候宜人，且殖民地遺風仍留，故吸引歐洲遊客。摩國有百分之十二面積是林木地帶，每到春天，百花綻放，常年吸引二百萬名遊客。

第二節　河流景觀

一、剛果河（Congo River）

　　剛果河是非洲第二大河，流經剛果、薩伊（Zaire）和尚比亞（Zambia）三國，河流灌溉面積三百九十萬平方公里，比整個西歐面積還大，僅次於南美洲的亞馬遜河。剛果河發源於尚比亞高原地，海拔一千八百公尺，源頭是坦噶尼喀湖，河流流經三國，沿途風景優美。十九世紀的殖民時代，剛果河是通往內陸的探險之河。剛果河所經之地土地肥沃，是野生動物和候鳥類的天堂。

　　薩伊是一個赤道雨林和沼澤涵蓋的國家。目前非洲僅存的侏儒族仍住在森林之內，也可以說是探險天堂。薩伊雨林占全國面積百分之五十五，森林內長的槐木（Mahogany），是世界上最優質的硬塊木。薩伊政府為了禁止濫伐以保留槐木，故每年只准開墾百分之二。薩國全國運輸均以航道為主，也增加了旅遊的探險意味。

　　尚比亞以前是一個出產銅礦的國家，靠銅收入。但現在銅不值錢，因而大力發展農業觀光以求生存。尚比亞除了有剛果河之外，還有一條有名的龍華河（The Luangwa River），長約八百零六公尺，流經兩個有名的尚比亞國家公園，是野生動物的天堂，也是自然景觀的好去處。

二、尼羅河（The Nile）

　　尼羅河長達六千六百七十公里，灌溉面積廣達三百三十四萬九千平方公里，是世界第一長河。源頭來自非洲小國蘭隆地的卡吉拉河，流經烏干達、伊索比亞、蘇丹，而從埃及出口流入地中海。尼羅河可以說是一條歷史長河，看盡了流經各地的朝代興衰。至少，擁有七千年歷史文化的埃及，就是靠尼羅河的灌溉而延續著歷史生命，有光輝，也有黑暗。

　　古埃及人只知道有一條尼羅河，但不知道它是來自何方，也不知道每年泛濫的原因，因為沒有定期的泛濫，也就沒有尼羅河文化了。尼羅河的上源由三條河組成，即藍尼羅河（The Blue Nile）、白尼羅河（The White Nile）以及特巴拉河（Tabara）。時至十七世紀，來自西班牙的傳教士溯尼羅河而上，發現了藍尼羅河。於是，他們「認定」藍尼羅是尼羅河的源頭。

　　白尼羅河的傳聞故事特多，西元一五〇年，希臘天文學家普托拉米（Ptolemy）直指白尼羅河是來自月亮的群山，他指出的地點魯文佐麗（Ruwenzori），也就是今日烏干達和薩伊之間的山群。不過，白尼羅河的起源說法莫衷一是，直到十九世紀，英國探險隊在現今的蒲隆地發現白尼羅河的源頭是來自卡吉拉河（Kagera River）。

　　尼羅河流經的蘇丹和伊索比亞，都曾有過光輝歷史，也是非洲的文化古國，尼羅河的灌溉，可以使這兩個國家不但可以自給自足，而且還可以有餘力外輸，但一九六〇年代開始，戰禍連年的內戰和種族仇殺，讓它們變成人間地獄。現在尼羅河流經上述國家時，大概只有悠悠悲鳴了。烏干達，也受人禍之害，往日的非洲珍

珠美譽不在。

　　尼羅河流到埃及時，卻展開了新的面貌，有河川之利和灌溉之利，也有觀光的巨大吸引力。就以提比斯（Thebes）一地而言，有上百個古埃及歷朝歷代的寶陵建築在此地，因而也有國王河谷（Valley of Kings）的美譽。國王河谷原本也有幽暗之都的綽號，查其主因，自是希望後人不要打擾「死者的亡靈」。但從公元一九二二年十一月五日開始，它再也不是幽暗之都了。因為英國埃及考古學家霍華德・卡特（Howard Carter）在提比斯的西岸，發現了埃及古法老王杜坦卡姆（Tutankhamun）的陵寢，並且打開陵寢，發現石棺。這個巨大發現，上了同日紐約時報的頭條。於是，它為觀光地理開闢了一條路，歷史文化觀光路線圖。

　　尼羅河到了出口的尼羅河三角洲，變成觀光景點，尼羅河的落日和人體獅身都成為觀光景點。當人類進入第二個千禧年的時候，埃及觀光部卻推出一個有震撼力的電視廣告，它開宗明義的說，地球上正慶祝第二個千禧年時，埃及開始慶祝第七個千禧年了。於是，尼羅河帶給埃及的自然風光、古文化如金字塔和人首獅身，一一出現在銀光幕上。沒有尼羅河，埃及也就無法在觀光地理上占一席重要地位。

亞澳紐非觀光地理

Travel Tip

開羅的米娜飯店

埃及首都開羅,在尚未脫離大英帝國獨立之前,是英國王室的行宮。而座落在埃及首都開羅城郊,有一間世界頂尖級的旅館－米娜飯店(The Mena House),對很多國家和人物而言,他們對這家旅館都曾擁有過的一段歷史情懷。就以我國國人而言,他們對開羅的認識,也僅限於它是「開羅會議」和「開羅宣言」的所在地。但他們都不知道先總統 蔣公和夫人出席開羅會議時,就是駐節在這家旅館的別墅(VILLA)內。

對風景喜愛的人,莫過於能欣賞到吉薩金字塔的景觀;對古代波斯文學有興趣的人,則可以在這裏找到靈感。因為米娜飯店內的五家名餐廳之一 "Al Rubayyat Restaurant" 就是用來紀念十一世紀的波斯大文豪Omar Khayyam。Al Rubayyat 餐廳曾在一九九二年贏得偉大旅館餐廳的世界獎榮銜,而餐廳內所用的菜單,每一頁的下款,都引述了他對美酒、美食的讚賞詩句。

引述該餐廳菜單頁內的幾句詩句:

> 來吧,把酒杯加滿,不要讓時間在我們的腳下輕易溜走!
> 明天還沒有誕生,昨日已經死亡;
> 如果今天是甜美的活,又何必去為他們煩惱!

菜單下的每一句詩,是否能增加你的靈感和食慾?

▲ 米娜飯店的菜單

亞澳紐非觀光地理

著　　　者／楊本禮

出　版　者／揚智文化事業股份有限公司

發　行　人／葉忠賢

總　編　輯／林新倫

執　行　編輯／鄧宏如

登　記　證／局版北市業字第 1117 號

地　　　址／台北市新生南路三段 88 號 5 樓之 6

電　　　話／（02）23660309

傳　　　真／（02）23660310

郵　政　劃撥／ 19735365　戶名：葉忠賢

印　　　刷／鼎易印刷事業股份有限公司

法　律　顧問／北辰著作權事務所　蕭雄淋律師

初　版　一刷／ 2005 年 2 月

ISBN ／ 957-818-712 -2

定　　　價／新台幣 300 元

E - mail ／ yangchih@ycrc.com.tw

網　　　址／ http://www.ycrc.com.tw

國家圖書館出版品預行編目資料

亞澳紐非觀光地理／楊本禮著. -- 初版. –
　　臺北市：揚智文化，　2005[民 94]
　　　面；　公分.

　ISBN　957-818-712-2（平裝）

　1. 世界地理 – 描述與遊記

716　　　　　　　　　　　　　　　94000629